五神 真

新しい経営体としての東京大学

未来社会協創への挑戦

THE UNIVERSITY OF TOKYO
AS A NEW TYPE OF MANAGEMENT ENTITY
The Challenge of Creative Collaboration for the Future

東京大学出版会

The University of Tokyo as a New Type of Management Entity:
The Challenge of Creative Collaboration for the Future
Makoto GONOKAMI
University of Tokyo Press, 2021
ISBN978-4-13-053095-8

はじめに

二〇一五年、私は第三〇代東京大学総長に就任しました。それからの六年間、国内外で予想を超えたさまざまな出来事が起こり、私たちは今、大きな変化の時代に生きているのだということをつくづく実感しました。

その激動のなかで、総長として多忙な毎日を過ごしながら、つねに考えてきたことがあります。それは大学と社会との望ましい関係であり、グローバルな公共財としての大学の在り方であり、さらには、インクルーシブな未来社会の実現に向けた大学の新しい役割と責務とはなにかということでした。

世界では、国際紛争の複雑化、地球環境問題の深刻化、格差や不平等の拡大、さらには国民や社会の分断など、さまざまな課題が顕在化しています。これらはすべて、人間の活動が拡大してきたことと深く関わっています。変化が加速するなかで、地球規模の課題もいっそう厳しく容易でないものとなってきたともいえるでしょう。

まさに今、グローバルに猛威を振るっている新型コロナウイルス感染症の拡大も、新しいさまざまな課題を顕在化させました。当たり前であった日常の活動は大きく制約され、人との対話や触れあい、人びとの移動や集合、さらには働き方や暮らし方など、日常生活のさまざまな局面でこれまでに経験したことのない支障が生まれました。大学も、その影響を苛烈に受けています。感染症の発生から一年以上が経った現在も、まだキャンパス内外での活動を制限せざるを得ない状況が続いています。そのなかで、学生たちや教職員にとっての重要な創造と発見の場である大学をいかに守るか。教育や研究の活動をどう確保していくか。そのためには、さまざまな工夫を凝らしていかなければなりません。この困難な状況においても、やるべきこと、できることを見定め、着実に進め、次のステップにつなげていくことが大切だと感じました。

一方で近年のデジタル技術の飛躍的な進歩は、これまでにない速度で新たな可能性を切り開いているともいえます。例えばオンライン講義では、教室での対面の講義よりも学生がいきいきと質問できるようになり、さまざまな理由で講義に出席することに負担を感じていた学生が積極的に参加しやすくなるなど、ポジティブな効果もみられています。教職員も、オンライン会議を活用しながら、在宅勤務を中心とする新たな働き方への道筋を見出しつつあります。

新型コロナウイルス感染症にともなって生じている課題は、既存の社会システムの危機であると同時に、そこに潜む問題点を自覚し、より良い形での解決を探り、乗りこえていく変革のチャンスでもあるのです。

総長に就任した二〇一五年の一〇月に、私は任期中の行動指針として「東京大学ビジョン二〇二〇」を策定し、「変革を駆動する大学」という理念を掲げました。この理念を現実のものとするには、まず東大が主体的・能動的に社会に働きかける、自立した経営体となるべきだと考えました。大学が社会変革を駆動するということと、大学自身が経営体となること、この二つは、私の六年間の取り組みの根底にあるビジョンのポイントであり、そこから生み出される価値の意義をぜひ多くの方々と共有したいと思っています。なぜなら、これらは、最終的にはより良い社会の実現を目指すものだからです。いま、さまざまなところで機能不全が確認されている経済や社会の基礎的な仕組みに対して真摯な問いを投げかけることと、大学自身が既存の枠組みの惰性を断ち切り、自立した経営体へと自らを変革していくことは深く呼応していると考えています。

二〇一五年に「東京大学ビジョン二〇二〇」を公表した後も、学内の教職員と機会あるごとに議論し、学生たちとも直接語り合う機会を持ってきました。そのなかで、大学という存在の価値を再確認するとともに、新たな課題に気づかされることも少なくありませんでした。また、国際的に活躍する研究者や実業家、各国の政府高官などとの対話を重ね、大学が社会で担うべき役割や大学の姿を模索するなかで、私が考えてきたビジョンがグローバルなレベルで共有できるものであることを確認していきました。多くの人びとの大学に寄せる想いが極めて共通していることを知って、私自身うれしい驚きとともに、本ビジョンを実現することへの社会的な責任を強く感じ、志を新たにしました。任期最終年である二〇二〇年度にも、日本の国立大学としては初めての長期債券発行に取り組み、科学に基づき地球システム全体の保全に取り組むためのグローバル・コモンズ・センターの設立など、さまざまな施策を進めてきました。

「東京大学ビジョン二〇二〇」に込めた思いや、同ビジョンのもとで進めた具体的な改革や事業の内容については、すでに私が執筆した二冊の著書『変革を駆動する大学』（二〇一七年、東京大学出版会）、『大学の未来地図』（二〇一九年、筑摩書房）にまとめています。三冊目の本書は、必ずしも総長任期終了を前にした、六年間の集大成というわけではありません。むしろ諸施策や改革の礎ともなっている「東京大学ビジョン二〇二〇」の考え方に適宜言及しつつ、総長としての六年間の経験を経た私が、今抱いている未来に向けた気持ちを述べる一冊にしたいと思います。

本書には、二人の先生方との対談を収録しています。一人目は、二〇二一年四月に東京大学の第三一代総長に就任される藤井輝夫先生です。藤井先生は、「東京大学ビジョン二〇二〇」策定にあたり起草メンバーに加わっていただいたほか、私の総長任期の後半で、大学執行役・副学長、理事・副学長として、主に社会連携や産業界との連携を中心にご尽力いただきました。私が六年間進めてきた東大改革や総長のリーダーシップについて語り合った、大変中身の濃い対談となりました。

二人目は国際基督教大学特別招聘教授・東大名誉教授の岩井克人先生です。二〇一九年の経済学部創立百周年記念式典で岩井先生のご講演「経済学を学ぶことの幸運、日本で経済学を学ぶことの使命」を聴く機会があり、その内容に大変感銘を受け、対談をお願いしました。話題は、大学の在り方から東大の債券発行、そして資本主義の在り方までに及び、大変充実した時間を過ごすことができました。私が提唱してきた、大学が社会を変革する起爆剤（トリガー）となるという考え方の背景には、経済学者・宇沢弘文先生の社会的共通資本の考え方がありま す。すべての人びとが、豊かな経済生活を営み、すぐれた文化を展開し、人間的に魅力のある社会を安定的に維持する、それを可能にする自然環境と社会的装置を社会的共通資本と呼び、これを社会共有の財産とし、人びとの活動の基盤とする考え方です。宇沢先生は、社会的共通資本こそが健全で持続可能な経済活動を支えるという意味で、近年の市場原理主義見直しの動きにつながる先駆的な視座を提供されました。

社会全体が変化に立ち遅れている日本の現状において、大学が社会変革を駆動しうるのであれば、東大にはグローバルなコモンズの構築に貢献する場として、その力を発揮すべき責務があるはずです。そして私は総長として、この大学の持つ力を社会に役立てるべく、微力ながら全力を尽くしてきました。そのなかで、もし現下の資本主義のあり方が適当でないとすれば、大学がそのあり方をも修正していくという立場をとるべきであると考えました。多くの経済学の専門家からすると現実離れした「戯言」のようにも聞こえるでしょうが、物理学者であり、経済学の素人である私が宇沢先生の考え方に触れたからこそ生まれた構想なのかもしれません。今回、宇沢先生の教え子でもある岩井先生と対談し、そうした議論まで深めることができたのは、大変ありがたく大きな収穫でした。

私が六年間総長として推し進めた改革により、東大は大きく変わろうとしています。本書を通じて、東大の変化の意味やその背景に込めた思いについて、みなさんと少しでも共有し、それが未来への糧となれば幸いです。

新しい経営体としての東京大学／目次

はじめに　i

第1章　「東京大学ビジョン二〇二〇」への起点――――1

1．分岐点を迎えた社会と変革の必要性
国立大学の法人化
二〇一五年というタイミング
社会の本質が揺らいでいる
――デジタル革新がもたらすパラダイムシフト
無形の価値を正当に評価すべき
優秀で意欲的な人材が最大限活躍できる環境整備を

2．なぜ大学が社会変革を駆動するのか
大学らしくあり続けるための「経営体」化

3．「運営から経営へ」の原点
不可能を可能に、無から有を作り出す体験
やりたいことがあれば、一からひとりでやってみる
発見の喜びに動かされて

一歩踏み出し、発想を変えてみる
[column 01] 自分にしかできないことをやろう 39

第2章 運営から経営へ 41
1. 大学の活動はどう支えられるべきか
2. まずは運営の改革から
若手研究者雇用の創出
スケールメリットを活かして若手雇用財源を生み出す
学内における多様性を促進する
3. 資金循環を生む三つの新戦略
①新しい産学協創事業
②既存の資産と寄付の活用
③「大学債」という発想

第3章 持続可能な価値創造のために 67
1. 未来への投資 ── 大学債という挑戦

「大学債」がもたらす変革
「東京大学FSI債」の三つの特徴
償還準備金は現状で十分賄える
未来への投資という発想とソーシャルボンドの世界的潮流
前例のない債券発行
2. 地球規模で社会変革を駆動する——グローバル・コモンズ・センター
グローバル・コモンズへの取り組み度を測る国際指標の策定
サイバー空間を健全なコモンズにするには
まずアカデミアが一歩踏み出すということ
[column 02] GABで育んだ国際的なネットワーク 94

第4章
世界の未来を創造する 97
1. 産業の未来を拓く——東京大学・TSMC半導体アライアンス
ゲームチェンジを迎えた半導体産業
日本の半導体業界を救う手立てとしてのゲートウェイ構想
世界の発展のための学術交流

産業の未来を拓くアライアンス
オープン戦略としてのd.lab 協賛事業とクローズ戦略としてのRaaS
2. 未来の教育と人材育成 ── 東アジア藝文書院
設立の背後にあった日中の友情
目指すは東アジア発のリベラルアーツ
研究者ネットワークの整備と文献を通した学び合い
意欲ある学生が伸びる場をつくる
小さな歩みの積み重ねが何かを変える
社会を動かす企業と連携するということ
3. 未来の技術を創造する ── IBMとの量子コンピュータ連携
未来への投資という決断
若手の可能性を活かす
グローバルな視点に立つ学術機関
[column 03] 新しい渋谷から未来への問いかけを 139

対談①　変革のバトンをつなぐ　五神真・藤井輝夫――141
ビジョン策定の経緯
SDGsを先取りした「二一世紀の地球社会」という発想
「本気の産学連携」はなぜ実現したか
学術交流の蓄積が生んだビッグコラボレーション
東大を「地球と人類のために貢献する公共財」と位置付ける
コロナ禍で問われる総長のリーダーシップ
ダイバーシティは東大の課題であり、伸びしろ
●付録①　「東京大学ビジョン二〇二〇」の公表にあたって　164
●付録②　東京大学ビジョン二〇二〇　166
対談②　「無形の価値」がつむぐ未来　五神真・岩井克人――175
価値の源はモノから人間へ
東大を「活かす」

未来の人たちへの橋渡し
おわりに 203

第1章

「東京大学ビジョン二〇二〇」への起点

1．分岐点を迎えた社会と変革の必要性

まずは、日本の国立大学がどんな目的で設立され、時代によってその役割をどう変えてきたかを振り返ってみましょう。

第二次世界大戦後、ＧＨＱ（連合国軍最高司令官総司令部）が主導した一九四六年に始まる学制改革における大きな柱は、高等教育の民主化でした。どんな家庭環境に生まれた人にも、高度な教育を受ける権利を与えられるようにしよう、そのなかで平和で文化的な民主国家をつくっていくのだ、という考え方が徹底されていました。

その仕組みの中核を担ったのが、国立大学です。それまでの帝国大学、師範学校、専門学校、旧制高校といった高等教育機関を四年制の「大学」へと再編し、

四七都道府県すべてに少なくとも一つの国立大学を設置、高等教育を全国に行き渡らせようとしました。新制大学ができたのは一九四九年。敗戦からわずか四年で、国立大学を中心とする新しい高等教育のシステムが形作られたのです。

それから半世紀以上が経った今、社会は大きく変化しようとしています。あとで詳しく述べますが、デジタル技術の革新により、価値の源泉が「モノ」から「知」や「情報」に移ってきています。モノを中心に回っていた従来の資本集約型の社会から、いわば知識集約型社会へのパラダイムシフトが生じているのです。高等教育も、既定の成長シナリオにそって、あらゆる人に幅広くその機会を提供するフェーズから、新しい時代にふさわしい形で発展させていかなければなりません。

産業界のなかには、イノベーションを起こし、事業を成長させる人材を育成してほしいのに、大学は相変わらず旧態依然とした教育を続けていて、現代社会の要請に応えていないのではないかと懸念を示される方も多数います。こうした要請を果たせないような大学はリストラすべきだと言われることもあります。しかし、第二次世界大戦後すぐに四七都道府県すべてに国立大学が配置されたのは、全国で同じ教育を同等に施すというよりも、むしろ地域ごとの多様性を活かしつつ、高等教育の機会を保障するという意味合いが強かったと私は理解しています。

その意義は今、よりいっそう重要になっているのです。大変動の時代にあって、多様な価値を生み出すことは、新たな成長にとって不可欠です。地域の実情にあった個性的な研究が進み、新しい社会に貢献できる人材がそこから育成されることは、各地域の強みになりますし、日本全体の多様性を支える基盤となります。理系と文系の両方が揃った各都道府県の国立大学は、知識集約型社会が包摂的（インクルーシブ）な社会として発展していくために、必須の社会インフラになっていくと思います。

二〇〇四年に行われた国立大学法人化は、そのような時代背景を踏まえ、各大学がより個性を発揮し、自由に発展していくための新たな仕組みとして導入されたものでした。

国立大学の法人化

国立大学が法人化によって劣化したと指摘されることがあります。しかし、日本の国立大学の財政構造は、法人化以前からかなり厳しい状況に置かれていました。

一九八一年に鈴木内閣のもとに設置された第二次臨時行政調査会（土光臨調）、

九六年の橋本内閣による行政改革会議、二〇〇一年の小泉内閣による「経済財政運営と構造改革に関する基本方針（骨太の方針）」等により、国立大学の財政状況は年々厳しくなっていきました。その劣悪な環境から、一九九一年のある雑誌記事では、国立大学が「頭脳の棺桶」と評されたこともあります。

私自身、一九八八年に理学部助手から工学部講師になって研究室を立ち上げた頃のことを思い出すと、研究環境が整っていたとはとても言えない状況でした。施設は老朽化していましたし、研究費も極めて乏しく、高度な研究に携わっていても実際の設備や安全対策は十分ではありませんでした。当時は博士課程を修了しても、安定的なポストはほとんどなく、いわゆる「オーバードクター」問題も今以上に深刻でした。二〇〇四年の国立大学法人化は、こうした状況からの脱却が狙いだったことは間違いありません。

さらに、ちょうど国立大学の法人化を検討することが閣議決定された一九九九年頃に、日本の財政が急激に悪化しました。産業の高度化に伴い、高等教育の社会における意義はますます大きくなっていたにもかかわらず、国家予算は伸ばすどころか縮小せざるを得なくなりました。新しい法人としての大学運営は、そうした状況のなかでスタートすることになったのです。

当初は、法人化後も大学の運営費と教職員の人件費は国が従前どおり担保するという話でした。実際には、国の組織から独立した法人に移行したことで、それまで国にあった管理運営の最終責任を法人としての大学が負うことになり、施設の維持や安全確保のような管理コストが大幅に上がったのですが、そのための国から追加の予算措置はなかったのです。

その結果、法人化以前から施設への投資が極めて細っていた状況が、法人化に伴う財政悪化によって加速してしまいました。また、大学にとって最も重要な若い教員や学生たちの育成が、明らかにおろそかになってしまいました。特にここ一〇年は、その度合いが加速しています。国際的にも、日本の高等教育の地位が落ちていることを心配する人がいるのは、十分理解できます。

しかし、知識集約型社会への変革により、国立大学が法人化した当時以上に、国立大学に求められる知の拠点としての役割は大きくなっています。国の財政状況が厳しいなかで、公共財としての大学を社会全体でどのように支えるか、抜本的に考え直すべき時期に来ているのです。

二〇一五年というタイミング

東大は明治新政府の樹立から約一〇年を経た一八七七年、近代日本の幕開けとともに全国に先駆けて創立され、二〇一七年に創立一四〇周年を迎えました。この一四〇年間は、第二次世界大戦の前と後で、それぞれ約七〇年ずつに分けられます。

前半の七〇年間における東大の最重要課題は、近代国家をつくるための人材育成でした。まず不平等条約の改正や殖産興業といった政府の政策を担う人材が必要でした。そのなかで、東洋と西洋の学問を融合して、新たな日本ならではの学問を生み出すという伝統が生まれ、確立していきました。創立わずか二〇年ほどにして、すでに北里柴三郎、長岡半太郎、鈴木梅太郎、梅謙次郎、吉野作造らが世界に通用する最先端の研究成果を挙げていたことは、注目に値します。

戦後復興とともに始まった後半の七〇年間は、最先端の学術研究を学んだ人材を社会の各方面に数多く送り出し、高度経済成長をはじめとする日本社会の発展に大きな役割を果たしました。

私が第三〇代東京大学総長に就任した二〇一五年は、ちょうど次の七〇年をどうしていくかを考えるべき時期でした。国立大学法人化を見据えた二〇〇三年、東大の理念と目標を示す「東京大学憲章」の制定にあたっては、「世界の公共性に奉仕する大学」という言葉が掲げられました。それは、世界に向けてますます自らを開き、研究成果を社会に還元しながら、社会の要請に応えていこうという東大の決意の表れだったと思います。すでに述べたように、国立大学の環境はかなり厳しい状況にありました。しかし、変化の激しい時代において、人類社会の変革を駆動する中心的役割を担うことができるのは、長い年月をかけて積み上げてきた学問、知の蓄積を持つ大学であり、こうした社会状況だからこそ、大学はその真価を発揮すべく活動をより活発化させなくてはいけません。なかでも一四〇年にわたる学知の蓄積のある東大には、そこで培われた社会からの信頼があります。この資産を最大限に生かして次の七〇年間の人類社会を切り開くための具体的なシナリオを描くことが求められています。私は総長就任にあたって、まずは東大が大きく一歩前に踏み出すことが必要だと強く感じていました。

また、二〇一五年から一六年は、特に世界が目立つ形で動き、その分断が目に見えて現れはじめた激動の時期だったと思います。一六年は、まず中国発の金融危機で始まりました。二月には世界中で大規模テロが発生、六月にはイギリスでブレグジットを決める国民投票があり、一一月にはアメリカでトランプ氏が大統領選挙に当選しています。私は当初、イギリス国民が国民投票でEU離脱を選ぶことはないと思っていました。しかし四月下旬にオックスフォード大学で開催された国際研究型大学連合、IARU（International Alliance of Research Universities）の学長会議に出席したときに話をしたケンブリッジ大学の学長は、ブレグジットに対して肯定的な意見を持たれていて、ＥＵ体制におけるイギリスの立ち位置への閉塞感は、知識層の人たちにも共通するのだと感じ、離脱という結果もあり得るかもしれないと思って帰国したことを思い出します。そして、実際にそうなったのです。世の中はかつてないほど大きく変化していました。

社会の本質が揺らいでいる――デジタル革新がもたらすパラダイムシフト

現在起きている社会変化は、人類が何百年もの時間をかけて培ってきた社会の根本となる前提――つまり民主主義と資本主義――の本質を揺るがしかねないほどのものであり、大きな発想の転換が求められています。

人生一〇〇年時代、誰もが何歳になっても自分なりの生きがいを感じながらさまざまな形で社会と関わり、人生を全うしたいと願っています。そのためには、社会には多様な選択や意思を尊重できる自由が保障されなければなりません。個の自由と全体の調和、この二つの重みは時代によって異なり、人類はこれまでの歴史を通して両者の間の最適なバランスを求めてきたように思いますが、今また、この両者の間のバランスが崩れ、これまでにないスピードの変化が起こっています。市場原理主義が行き過ぎた結果、世界の分断が進み、保護主義に走る国も現れています。このような状況では、グローバルな成長などあり得ません。私は毎年世界経済フォーラム年次総会（ダボス会議）に参加していますが、そこでは資本主義をどう修正するかについて活発に議論がされています。

従来の市場原理の資本主義は、合理的個人に基づく効率性を追求した生産体系を展開することを前提とした経済活動モデルに依拠してきました。二〇世紀後半にはこれがうまく機能して、世界経済が成長したように見えます。日本も戦後、工業化を重点として、労働集約型の生産様式を資本集約型へと転換させることで経済成長を果たしてきました。しかし一九九〇年頃から、それまでの比較的安定的な成長とは違う側面が出てきました。それ以前にも公害問題など、大量生産・大量消費のさまざまな弊害は顕在化していましたが、九〇年代以降にはそれとは次元の違う、経済メカニズム自体の破綻が現れてきた。その端的な顕れが経済格差です。格差がかつてないほど急激に拡大し、不公平感が強まってきました。

一方で、トランジスタの発明に端を発した技術革新により、社会の在り方が大きく変わろうとしています。コンピュータや情報通信技術は依然として目覚ましい勢いで進化し続けています。かつて真空管でコンピュータを作っていた時代には、コンピュータ一台に巨大ビル一棟が必要で、それを持ち歩くなど想像もつきませんでした。それが今では、初期のスパコンをしのぐ処理能力のあるスマートフォンを、多くの人びとが片手で持ち操っています。新幹線やジェット機など、移動手段も格段に発達しました。人間は、かつてよりはるかに多くのことを、空間的・時間的な制限を超えてできるようになったのです。

その結果、明らかになってきたのは、地球に存在するさまざまな資源は有限であるということでした。また、経済格差はますます拡大しています。そのなかで、どうすれば持続可能（サステイナブル）で包摂的（インクルーシブ）な成長を遂げることができるのか。社会課題を踏まえたうえで経済活動が活性化されるような資本主義社会を構築することに多くの人々が賛同し、世界全体がその方向に動きつつあると思います。

そのなかで急成長しているのが、データなどの無形のものを活用した経済活動です。従来は土地を買って工場を建て、機械を入れて「モノ」としての製品を作り、それを売ることで収益を上げ、投資家から資金を集めて事業規模をさらに拡大していくという成長の仕方でしたが、今はほとんど投資をすることなく、優れたアイデアによって市場からの期待値を高めることで、一瞬のうちに巨大なマネーフローを生み出すことができるようになりました。「モノ」が基本だった経済の仕組みに突如、無形の価値が参入してきたのです。

Society 5.0と呼ばれる、デジタル革新の成果を活かしたスマート化による社会は、このパラダイムシフトを前提としたものです。「モノ」が価値の中心であった従来の資本集約型社会では、人の個性が切り捨てられ、画一化が進んでしまいました。これからは、「知恵」や「情報」が価値の源泉となる知識集約型社会が到来します。

すでにカー・シェアリングやライドシェアといったビジネスモデルの価値は認められていますし、産業の中心も、「モノ」を生産する第二次産業から、データ・音声・画像などの情報をＡＩ解析することでサービスを提供する形に移行しつつあります。スマートフォンなどを通したサイバー空間へのアクセスは人びとの日常になり、もはや実空間とサイバー空間は一体化している状況です。

あらゆる情報がデジタル化されてサイバー空間に蓄積されれば、ＡＩや深層学習といった新しい技術でデータを利活用できるようになります。しかし、データや情報は、すでにこれらが集積している人や組織のもとに集中しがちです。流れにただ任せていると、「データ独占社会」や「デジタル専制主義」といったディストピアに陥りかねません。一部のメガプラットフォーマーや国家がデータを独占すれば、データを持つ者と持たざる者の間に決定的な断絶や格差が生まれてしまうおそれがあります。また、特定の主体がデータを集中的に管理するようになると、個人の自己決定権が大きく制約される「データ監視・管理社会」につながりかねません。私たちは、データを上手に活用して、年齢や障がいの有無、都市と地方の違いといったさまざまな格差を乗り越え、多様な「個」を活かして誰もが活躍できるインクルーシブな社会の実現を目指さなければならないのです。Society 5.0 はそうした願いを込めて我が国が提示した理想の社会なのです。

Society 5.0 に向けた取り組みでもう一つ忘れてはならないのは、地球環境負荷の問題です。デジタル革新は電力需要を爆発的に増大させる危険性もはらんでいます。現状の省エネ対策を前提とすると、二〇三〇年にはＩＴ関連機器だけで現在の総電力量の倍近くを消費すると言われています。二〇五〇年には総電力消費量が、現在の二〇〇倍になるとの計算もあるほどです。より良い社会としての Society 5.0 を実現するためには、サイバー空間を持続可能なものにしなければなりません。

デジタル革新はいま社会全体の根幹的な構造を変えるほどに急速に進行するとともに、国内、さらには国境を越えて、分断を生み不連続な変化の様相を呈しています。変化のスピードは速く、五年、一〇年という短期間のうちに勝負が決まってしまいます。しかしながら、日本はといえば、変化をチャンスに転換させるべく、激動の波に乗ることが必ずしもうまくできていないように感じています。

無形の価値を正当に評価すべき

これらの変化にあって、新たなサービスや知識の価値が高まるなかで急務となるのが、それらの価値を正当に評価することができる新しい経済メカニズムの構築です。

人が価値を感じる「無形」のものには、さまざまなものがあります。無形なもののなかにも、著作権をはじめとする知的財産権など、すでに従来の経済システムにおいて価値が確立されているものもありますが、正当な「値付け」が行われていないものも少なくありません。一方で、実際にはそれほどの価値がないにもかかわらず、従来の経済システムで分不相応に高く値付けされているものもあります。有形無形にかかわらず、多様なものの価値が正当に認められておらず、著しい偏りが出ている現在の問題に、お気づきの方も多いでしょう。

近年台頭してきたさまざまな産業と、資本主義や民主主義のメカニズムとの不整合は、現代社会全体を覆う閉塞感の原因の一つになっています。どんなメカニズムなら、新しい価値を正当に測ることができるのか。そのメカニズム自体を開発していくべき時に来ています。

お金は、人びとの行動を容易に変容させます。儲けるための選択を行うという行動パターンは、自然と定着してしまうものです。デジタル・トランスフォーメーションは本質として、多様性をより豊かに取り込める潜在能力を持っていますが、場合によっては、逆に多様性を排除するような社会を作り出してしまう危険性があります。多様性を拡大するような方向に持っていかなくてはなりませんし、そのためのシステム転換が今求められているのです。

無形の価値が正しく評価され、その価値を生み出すために汗を流した人に、適切な対価が支払われるような経済社会システムをつくりたい。必要なのは、国家や地域や文化を超えた、多様性を受容できるような仕掛けです。そして、それへの貢献が報われる仕組みを備えたシステムです。こうした過去に例のない状況において、現状を分析し、自由ななかで多様な活動を包摂しつつ、協調的に発展していく新しいメカニズムを創り出していく必要があるのです。

優秀で意欲的な人材が最大限活躍できる環境整備を

知識集約型社会における無形の価値の創出には、高度に知的な活動が求められます。しかし、高度な知的素養を持った人材の価値も、必ずしも正当に評価されているとは言えません。

これは私の教育者としての実感でもありました。私は一九八八年から二〇一〇年までの二二年半、東大工学部に所属していました。その間に研究室を巣立った卒業生は一〇〇人ほど、そのうち約七割は産業界に進んでいますが、どうも彼ら彼女らが活躍しづらい状況になってきているのではないかと、十数年ほど前から感じていたのです。卒業生の多くはまだ三〇代から四〇代です。目まぐるしく変化を続ける社会の中で、本来であれば彼ら彼女らのように優秀で意欲的な人たちが、向こう一〇年間で最大限活躍できるような環境を整えなくては、日本全体にとってとても大きな損失です。

日本は二〇世紀後半、戦後の復興を経て大きな国力を蓄えました。その蓄積がまだ存在しているにもかかわらず、十分に活用できていません。そのことがまず大変残念ですし、強い危機感を持っています。私が東大で三〇年余り教育に携わり、手塩にかけて育て上げてきた卒業生たちが社会で十分活かされていないとしたら、私自身の人生にとっても非常に不本意なことです。実はこの思いこそが、私の総長としての原動力なのです。

私たちは経済社会全体のパラダイムシフトという、人類としての大きな分岐点に立っています。その視点に立って考えると、今何をしなくてはならないかがおのずと見えてきます。社会全体で意志をもってよりよい未来を選び取る、それを主導するのは、大学なのではないか。そのためにも、まずは知識集約型社会において大学が持つ新たな価値を際立たせ、社会全体に伝えていかなくてはならない——これが、東大総長に就任したとき私が考えたことでした。

2. なぜ大学が社会変革を駆動するのか

今こそ大学の出番です。しかし残念ながら、大学もいまや市場原理の資本主義経済のメカニズムにすっかり取り込まれていて、枠組みに変革をもたらすような活動に注力することができません。例えば、アメリカの大学は、従来の経済メカニズムに同調、便乗するビジネスモデルを採用することで成長しました。大学スポーツビジネスはその一例です。フットボールのような人気スポーツのコーチの年収が学長よりはるかに高いということはざらにありますし、これは地域活性化にも一役買っています。また、留学生の授業料を高めに設定したり、学生寮の寮費を収入源にしたりするなど、さまざまな経営モデルが定着しています。その結果、授業料が年間数百万円もするという高コスト体質になってしまいました。

それに比べ、日本の大学、特に国立大学はやや中途半端な環境にあります。授業料は無料ではありませんが、国にも支えられています。しかしそれが理想的な形で機能しているかといえば、競争力は下がっているし、むしろ劣化が目立つ状況です。文部科学大臣から「運営から経営へ」というメッセージが全国の国立大学法人に伝えられたのは、ちょうどそんな折でした。私が総長に就任した直後の二〇一五年六月、これまで国立大学が活動の基盤としてきた運営費交付金に頼らない体制をつくり、自立的に管理していく経営体になるように、と文部科学大臣から通達されたのです（文部科学省「国立大学経営力戦略」二〇一五年六月一六日）。これは全国の大学にとって大きな衝撃だったと思います。

というのも、国立大学はその活動資金の多くを現在でも国から得ているからです。寄付金や産学連携による資金も多少はありますが、活動資金の大部分は国費で賄われています。二〇〇四年に国立大学が法人化されたとき、前年の活動がそのまま継続されれば、従来と同額の国費が「運営費交付金」として各大学に措置されることになっていました。

二〇〇四年の時点で、東大の運営費交付金は年間約九〇〇億円でしたが、毎年削減され、その後一〇年余りの間に年間八〇〇億円ほどにまで目減りしました。一〇〇億円の減というのは大変な事態です。一方で、運営の改革の進み具合や新たな取り組みに対して、国からの補助金が与えられる仕組みが導入されました。また研究費については、提案を競い合うなかで措置される競争的研究費が大幅に拡大していきました。これらにより、総額としての資金はむしろ大幅に増加しました。しかしこの増加部分の資金は、使い方があらかじめ決まったもので、大学の経営裁量を後押しするものではありません。経営資金として重要なのは依然として運営費交付金なのですが、その大部分は、一度採用すると一定期間にわたって固定的な負担となり、安定的な財源が不可欠である教職員の人件費に充てざるを得ない状況なのです。したがって、その運営費交付金が削減され続けるなかでは、大学としては教職員の雇用を定年まで保障するイメージが持てません。こうして若手研究者の安定雇用が削減されることになってしまったのは、すでに述べたとおりです。

私は総長に就任し、学問のおもしろさを感じながら、多様な分野で自由な発想に基づく新しい価値の創造が促進される大学本来の環境を維持・発展させるために、早急な改革が必要だと直感しました。文部科学大臣が国立大学に「運営から経営へ」と求めるのなら、単に運営費交付金に頼らない体制をつくるということを超えて、真の意味での経営体になろうじゃないか。そう決意して、私はすぐに学内での議論を始めたのです。

こうしてまとめた「東京大学ビジョン二〇二〇」に、私は東大が自ら社会変革を駆動していくというスタンスを明記しました。社会全体が大きく変化しなくてはならない重要な局面に来ているときには、いずれかの機関が中長期的な視点で社会全体の将来像を正しく見据えたうえで、旧来のビジネスモデルの枠組み内での活動にとどまらず、意志をもって変革を駆動しなくてはなりません。その舵取りができるのは大学だし、日本では東大が担うべき重要な役割だと考えたのです。

行き過ぎた市場原理に基づく従来の資本主義の修正や、さまざまなサービスや知識の価値を正しく評価できる新たな経済メカニズムの構築を中心となって担うのは誰でしょうか。それまでの国立大学は、市場に参画していなかったのですから、失うものがありません。まっさらなところからつくっていけばいい。私は東大が「社会変革を駆動する」と宣言するのは、非常に理にかなっていると確信していました。

学問は、個々の自由な発想に基づいて新たな価値を創造することのおもしろさを出発点にしています。そして大学には、そのおもしろさに大きな情熱をもって力を注げる人たちが集まっています。その結果、大学が包摂する知の営みは、非常に多様な広がりを持っています。時間スケールひとつとっても、私の専門分野の光科学で扱うようなアト秒、一〇のマイナス一八乗秒から、考古学では何万年、宇宙の起源という話になれば百数十億年と、多様性に富んでいます。

今日のような大変革の時代においては、そうした多様性のある場で、ある種の理想を共有する活動を際立たせていくことが、極めて重要です。社会の構造が根本的に変化するなかでは、例えば時間スケールについても短期・中期・長期といった従来の枠組みさえ見直さなくてはならないからです。例えば、量子コンピュータについては、私が総長に就任した二〇一五年の時点で、その研究開発には少なくともあと一〇年、実用化にはあと三〇年もの時間がかかると考えられていました。それが二〇一九年あたりから、世界中で実装を前提とした研究開発体制の構築が進んでいます。社会全体の課題や将来像を正しくとらえるためには、多様な時間スケールや価値観と俯瞰的な視点が不可欠なのです。

大学らしくあり続けるための「経営体」化

二〇一五年に文部科学大臣から出された「運営から経営へ」のメッセージには、大学が経営体になるとはどういうことなのか、その具体策は含まれていませんでした。各大学がその解決方法を主体的に生み出す必要があり、東大はそれを承知したうえで、自覚をもって「経営体にならなくてはならない」と宣言したのです。

これは企業でも同じですが、新しい活動を興し、その収益が出ればまた次の資本へというように、活動がどんどん拡大し、持続的に発展していくような仕組みが、経営体には必要です。利益追求をもっぱら求める通常の企業の場合は、株主にリターンを返していけるような活動が求められます。一方、大学は公共財であり、特定の誰かに対する利益を追求することを目的とする組織ではありません。とはいえ、お金がなくては活動ができないし、活動をより充実させるためには資金規模を拡大していかなくてはいけない。そのことを誰に説明し、どこから資金を集め、どうその資金を増やし、資金循環のサイクルをどう回していくのか。経営体になるとは、そういったことを考えながら、持続的に発展できる新たなモデルをつくることなのです。そのためには、大学が行っている無形の知的活動の経済的な位置付けも含め、自らが仕組みそのものを開発していかなくてはなりません。

そう考えると、知的財産のような、すでに値付けが済んでいるもののなかでしか経済的価値を創出できないようでは、大学が経営体としてやるべきことに着手すらできません。まずは大学の今後の方向性、軸をきちんと定めたうえで、それが実現できるように社会の仕組みをも修正するよう働きかけていかなくてはなりません。非常に難しいことですが、東大はそれをやると宣言した——これが、「社会変革を駆動する」ことなのです。

新しい枠組みを本当に生み出すためには、実際の行動が伴わなくてはならないと考え、「経営体になることを目指す」と言ったのです。しかし、どうも既存の市場原理経済のなかで、アメリカ型の大学のような経営体を目指そうとしているのではないかという先入観を持つ人も多く、一部で誤解され、不安を拡げることになった面もありました。

私が「東京大学ビジョン二〇二〇」で掲げたのは、旧来の市場原理の経済システムに取り込まれてしまって、知の多様性や自由な活動という大学の最も大切な部分を失うような方向ではなく、むしろその逆の、大学本来の活動を守るために不可欠な自立化でした。振り返っても、これは大学が自らの意志で、やるべきだと思うことに向かって、主体的に行動していくための、唯一の手段であったと思います。それまでほぼ国から得られる資金のみで受け身で運営してきた国立大学が経営体になるというのは、生半可なことではありません。誰かに頼れば、やはりその指示に従わなくてはならなくなる。大学が何をすべきかは大学人である私たち自身が一番よくわかっているはずです。知を創造する難しさも必要性も、実際にその最前線に立たなければ真の意味で理解することはできません。だからこそ、大学が生き残ろうとするだけでなく、自ら閉塞した社会に風穴を開けなければと考えたのです。

3. 「運営から経営へ」の原点

不可能を可能に、無から有を作り出す体験

二〇一五年からの六年間、私は総長として東大を「真の経営体」にするべく、さまざまな取り組みを行ってきました。その原動力となったのは、子どもの頃からの、無から有を作り出す体験の積み重ねではなかったかと思います。

物理学者としての私の研究テーマは「光と物質の相互作用を理解・制御する」ことです。「光」に注目する最初のきっかけは、幼い頃、近所の彫刻家の先生のアトリエで絵を描いているとき、なぜモノがカラフルに見えるのか？　物質の持つ「色合い」とは一体何なのか？　といった疑問を抱いたことだったと思います。プロの道具を子どもに惜しげもなく自由に使わせてくれるような先生のアトリエに通ううち、ものづくりのおもしろさを肌で感じるようになったのかもしれません。

その後、小学校高学年から中学生になると、ラジオやアマチュア無線に関心を持つようになり、「電波」について勉強し始めます。物心ついた頃、我が家では放送技術に携わっていた父が組み立てたテレビを見ていました。そのテレビも白

黒からカラーへ、さらには衛星中継が始まるなど、通信容量が飛躍的に増えた時代に育ちました。物理学では、光も電波ですが、波長が短くなり周波数が上がるほど、載せられる情報量も増えていきます。技術の進歩を、生活のなかで体験していった気がします。幼い頃に抱いた「色合い」に対する興味と、少し大きくなってからの「電波」への関心が、今日の研究につながっていると言っても過言ではありません。

電波への関心はやがて、「不可能を可能にする」経験にもつながっていきました。

私がアマチュア無線に本格的に関心を持ち始めたのは、中学生の頃のことです。無線機を使ってさまざまな人たちと交信するのですが、運がいいと海外の人とも交信できたりして、とてもおもしろい。そこで中学二年のとき、同じように無線が好きな友人たちと、通っていた公立の中学校にアマチュア無線部を立ち上げることになりました。しかし、無線通信を行うにはお金がかかります。最低限の機材を揃えるのにも、数万円はかかる。なにぶん公立中学のこと、生徒会活動に使える予算はとても限られています。全校生徒約六〇〇人で年間の生徒会費は総額で四〇万円~五〇万円程度だったと思います。一方、アマチュア無線部を作りたいと言ったのはわずか六人。生徒会費の一割もの額を、六人の要求に対して出してもらわなくてはならない。所詮は中学生、お小遣いを出し合って機材を買うこともできません。そこで、全校生徒が体育館に集まり、各クラブの代表による説明会の場で、「これはとても大事な活動なんだ」と説得をすることにしました。「試合のために年間に何回遠征をするので、いくら必要です」といった要請がほとんどのなか、私たちの要求は全く異質でした。「無線部があると、いかにおもしろいことができるか」を説明しました。無線局の開設には、郵政省の電波監理局（当時）への申請が必要なのですが、私たちは電波法を勉強し、そういう申請書もすべて自分たちだけで書き上げ、無線局を開局しました。なんとか、二年間で五、六万円の予算をつけてもらって、活動をすることができました。自分の主張をみんなに納得してもらえるような形で説明することの大切さ、どう説明すればみんなを動かすことができるのかを、肌身で感じました。

この無線部での活動は、今思うと、無から有を作り出す経験でした。一般に販売されている無線機を揃えれば、何十万円もかかってしまいます。そこで私たちは知恵を絞り、いただいた予算で最低限の部品を購入し、あとは手作りでなんとかすることにしました。例えば電波を発信するにはアンテナが必要ですが、専用のポールは高額なので、まず多摩川を越えたところにある竹竿屋さんで竹竿を買いました。二キロほどの道のりをみんなで竹竿を抱えて持って帰り、学校の屋上に立て、ワイヤーを張って電波を出す仕組みを作り上げました。

また、活動に必要な機材は、二年がかりで揃えました。二年目は、一年目に買った装置を都内の無線マニアの集まる店に持ち込んで中古品として売り、そのお金で別の中古品を購入したのです。こうして、最低限の予算でまともに電波が出せる装置を手に入れることができました。顧問の先生が理解のある方で、手持ちの装置を売って次の中古品に買い換えるときには、騙されては大変だからと、日曜日にもかかわらずついてきてくださったのも、ありがたい思い出です。

そうこうするうちに無線部の機材が揃い、活動も軌道に乗って、クラブ全体も盛り上がっていきました。私の卒業後のことですが、多摩川で大きな水害が発生したとき、市のアマチュア無線の仲間が連携して非常通信に協力したことが評価され、市長から表彰を受けたりもしたそうです。

アマチュア無線部の活動を通し、やりたいことが明確にあるときには、既存の方法にこだわらず、どうすれば実現できるかを考え、自ら開拓していけば道が開けることを、早い段階で体験できたのは、私にとって大きなことだったと思います。

やりたいことがあれば、一からひとりでやってみる

中学時代はこのようにのびのびとのどかに活動していたのですが、高校から編入した都内の私立校には、もっとずっと本格的に取り組んでいた人がたくさんいて、驚きました。彼らは私たちが数万円の予算を二年がかりでやりくりしているのとは比べ物にならないくらい、資金面でも恵まれていたし、やっていること自体のレベルが非常に高かった。そこで知り合った友人は、中学時代、すでに一人でテレビ中継のできる装置を自作し、学校行事の無線中継をしていたというのです。私たちが竹竿を立ててなんとか無線通信に成功し、海外と交信できて嬉しいと喜んでいたとき、そんな高度なことを軽々とやっていた人がいた。レベルの差に愕然としました。

その友人とはその後もずっと親しくしています。彼は発明、工夫の天才であり、エンジニアリングの才能に大変恵まれていると思いました。彼のような人を見るにつけ、自分はものを作ることではとてもかなわない、エンジニアリングには向いていないな、とどこかで思うようになりました。当時は意識していませんでしたが、東大進学後の学部選択で工学部ではなく、理学部物理学科に進んだのには、その友人との出会いも影響していたかもしれません。

そのうち、それなら自分は何が得意なのだろうとも、考えるようになりました。何をしたいかということだけでなく、やはり自分の強みを生かしたいと思うようになったのです。私が自分の強みだと今になって思うのは、自分で無線機を作るなど、ないものを一から自分で作ってきたという経験です。

大学院時代には、その経験がずいぶん有利に働きました。私が研究室に入ったときは、研究費がほとんどなかったので、秋葉原で部品を調達し、自分がやりたかった実験の装置を自分で作りました。本当に手作りの、バラックのような装置です。しかし修士一年の秋頃、その装置を使って世界でも初めてとなる実験に成功したのです。当時、修士課程を終えたら企業に就職しようと考えていたのですが、この研究テーマをすごくおもしろいと感じました。続ければこの研究で博士論文を書けるに違いないと思ったのです。実際、そのとき見つけた研究テーマで博士号を取得することになったのですが、人から与えられたテーマではなく、自分自身で見つけた問題に、自作の実験装置で取り組んだ結果得られたデータだったことが、やはり大きかったと思います。研究っておもしろいな、と心から思いました。世界で初めてのものを発見するおもしろさとスリルを研究人生の初期で経験できたことは、その後のモチベーションになりました。

近年、研究がいろいろな意味で高度化した結果、若い学生が自分の思いつきで何かを見つけられる機会は大変少なくなってしまいました。長くトレーニングを積む必要があったり、プロジェクト自体が大掛かりであるために、その歯車にならざるを得ないことも多い。だから、自分の関心や研究テーマについて考えがまとまらず、どんな研究室に行けばいいか迷っている学生には、これからみんなで立ち上げようとしているような小さな新しい研究室に入ると良いかもしれない、と助言することがあります。研究室の立ち上げに最初から携わることで、自分のアイデアも生かしやすいのです。

私は、小さいことでも自分自身のオリジナルなアイデアを実行していける研究者になりたいと思っていたので、迷わずにスモールサイエンスの分野に進みました。でも実験をするには、やはり研究費が必要です。買うと五〇万円する装置が、自分で作れば五万円というようなことが多かったので、片っ端から自分で作っていくことになった。そうした経験を積むなかで、やはり可能性を広げるためには、お金が必要だと痛感しました。

研究費はみんなが欲しい。しかし全体の予算は限られている。限られた予算の中で少しでも多くを配分してもらうためには、自分の研究の価値や進め方を、説得力のあるやり方で説明しなくてはなりません。そのことを常に考えるようになりました。

物理現象には、世の中の役に立つことが多くあります。すでにわかっている物理現象の中でまだ使いこなされていないものもあるし、使いたいけれど、まだ現象として解明されていないものも多いのです。私は人生をかけて一つの仕事をやるのなら、やはり社会に何かしらのインパクトを残したい、と思っていました。なぜそう思うようになったのかはわかりません。そう教育された記憶もないし、厳格な家庭に育ったわけでもありませんが、なんとなくみんなが使って役に立つ技術につながればいいなと思っていた。

そんな思いもあって、学部後期課程で工学部と理学部のどちらに進学するか悩みました。ここで悩む人の多くは工学部に進むのですが、私の場合、半導体物理学の理論で有名な植村泰忠先生にこう言われたことが、理学部に進むきっかけになりました。「本当にすごい発見は、必ず役に立つから心配しなくていい。トランジスタもレーザーも、役に立っているだろう」と。

一九七七年頃のことです。トランジスタができたのは五七年でしたし、六〇年代に生まれたレーザーもかなり使われ始めていました。でもまだ光でトランジスタのような動作を、例えばコンピュータを作るというようなことは、まだ全くできない時代でした。それには相当なブレイクスルーが必要だろう。だとしたら、まだ人が使いこなせていない原理を深掘りし、光と物質のかかわりを調べてみよう。それが私の研究の入口でした。

光と物質のかかわりを調べるには、物質試料を極低温に冷やす装置など、さまざまな実験装置が必要でした。購入するには数百万円もの資金が必要です。東北大学まで出かけていき、理学部の金工室の名工に頼んで、真鍮の板を溶接してもらい、出来上がった重さ一〇キロほどのベッセルを風呂敷に包み、抱えて新幹線で持って帰ってきたこともありました。

そういうことをやりつつ博士論文をまとめ、いくつか論文も発表したところで、それまで助手を務めていた東大理学部から講師として工学部に異動することになりました。三〇歳そこそこで研究室を持ったのです。今から思うと大変な幸運でした。

発見の喜びに動かされて

昨今は、「役に立つ」ことに価値が置かれる時代です。しかし、こういう理由でこういう役に立ちます、と即座に説明できる研究に、本当に意味があるのでしょうか。役に立つかどうかは、現代の社会における価値観に基づいた判断でしかありません。一方、基礎研究が本当に社会にインパクトを与えるようになるまでには、最低でも二〇年はかかることが多いです。その分野の専門家でない人に、二〇年後の社会はこうなるに違いないから、今この研究に取り組むことが重要です、と説明しても、理解を得ることは難しいかもしれません。

しかし、無から有を創り出すことは、歴史を参照しても非常に重要です。では、人びとをその行為に駆り立てるのは一体何なのでしょうか。それこそが、発見の喜びです。自然科学に限らず人文学や社会科学でも、何かを見つけたり、ある種の考え方に初めて自分が到達できた瞬間にしか得られない感動が、確かにあるのです。

私の場合、修士のとき、先生からの助言で取り組んでいたテーマが、どうも方向性も見えないしおもしろくないなと感じていました。そこで実験装置や扱う物質は同じでも、もう少し違うアプローチの仕方があるかもしれないと何ヶ月も漠然と考え続け、ある日思いついた方法をやってみたら、驚くような結果がパッと見えたのです。その瞬間、「ああ、これだ!」と。それが結果として博士論文につながる発見だったわけです。

当時、かなりユニークで新しいアプローチだったためか、ロシアにいた若い研究者から「君の論文を見たよ」と手紙をもらいました。何かを発見し発表すれば、それはグローバルに伝わるものだということも、そのとき実感しました。本当におもしろい内容であれば、世界中どこの研究者であろうと反応してくれる。それが学術の世界です。その後、そのロシアの研究者たちとも仲良くなり、国際会議に招待されるなど、交流が続きましたが、それもあの発見がなければなかったことです。

学問をやっていると、発見の喜びがすごいんです。わかったときとか見つけたときの、身震いするような感動は何にも代えられません。こんなことをやって意味があるのだろうかというような地道な積み重ねを経て、あるときわかる瞬間が来る。その瞬間興奮して、寝るのも忘れて長文のレジュメを作り上げてしまったこともあります。金曜日だったので、土日に先生を喫茶店に呼び出して見てもらったほどです。

「あっ」とひらめいてお風呂から飛び出してしまうような瞬間を体験すると、やはりそういう瞬間が生み出されるような豊かな環境を整えておかなくてはいけないと、心底思います。そうしたアイデアはいくら計画しても出るものではありません。長年研究者をやっていても、そういう瞬間が来ることは稀で、まだ片手で数えるほどしかありません。しかし、計画的ではない価値が生み出されるのが大学という場所であり、そこに大学の真価があります。だからこそ、大学の経営は長期的なタイムスケールで考える必要がありますし、そのような環境を整えておけるかどうかが、結果につながってくると思うのです。

残念ながら今の大学は、そうした発見の喜びが生まれにくい状況にあります。若い研究者とディスカッションしていても、「次はこれを調べたいけど、研究費は取れないだろうな」という話になってしまいます。私の世代は今よりずっと貧しかったことは間違いありませんが、幸いなことに、少なくとも研究費の都合で研究をやる／やらないを決めることはほとんどありませんでした。やりたいと思うものを見つければ、それが追究できる環境があったのです。今の学生の皆さんを見ていると、自分の感性とは違うものを軸に研究テーマを探しているのではないかと思うことがあります。受験勉強がプロ化したことで、優れた才能の芽を潰してしまっているといったことがなければ良いのですが。

私は二〇一〇年に工学部から理学部に戻りましたが、その少し前、新しい研究を始めようと思っていた頃に、こんなことがありました。私は工学部でもいわゆる「役に立つ」応用研究とは真逆の、純粋な基礎研究をもっぱら行っていました。その難しい実験で、特別に工夫した野心的な装置をたくさん導入していました。その実験室を訪れた、ノーベル賞にも輝いた高名なアメリカ人の先生が「このテーマでこれだけの予算を集められるのはすごい。アメリカではとてもできない。君は天才だね」と褒めているのかあきれているのか、ニコニコして言ってくれました。

その研究は理学部に移った後も、さらにグレードアップさせて続けています。この研究の進捗を気にしてくださる方は多く、「あの研究はどうなったか」と聞かれます。

振り返ってみると、私たちがその研究を続けることができたのは、まずテーマ自体を私たち自身がものすごくおもしろいと思っていたこと、そしてそのおもしろさを周囲に伝えることに、ある程度成功したということがあったと思います。大切なのは、やはり熱意なのです。信じ込む深さが人を動かします。私は総長業にも、そのマインドセットのまま取り組んできたような気がします。方法論にしても、他人のものを学んで真似するのではなく、既存の方法にこだわらず、躊躇せず新しい挑戦をしている。子どもの頃から体験してきたことが活きているとも言えますし、発見の喜びを知る研究者ならではの進め方をしているのかもしれません。

一歩踏み出し、発想を変えてみる

私は理学部の助手を務めていた一九八五年に論文博士を取りましたが、八八年に工学部物理工学科に講師として移って以来、計二二年間、工学部に在籍していました。さまざまな研究プロジェクトに携わる傍ら、工学部予算委員長など委員会の仕事も複数務め、合計一〇年ほど学部の運営にも深くかかわりました。当時はちょうど柏キャンパスができる時期で、本郷キャンパスの工学部の建物に同居していた新設の研究科とどのように経費を分担するかなど、みんなが納得するような方法を模索しながら予算の調整を進めていました。

そうこうしていた二〇一〇年、理学部の物理学教室で私が専門とする光関係の分野の教授が公募されました。やり残した基礎研究に取り組みたいと思ったのもありますが、学内でもっと人が動いたほうがよいと感じていた私は、思い切って応募することにしました。当時、東大ではいったんポストを得ると、そのまま定年まで同じポストにとどまることが普通でした。しかし、長年ポストを持っていた人が別の学部に移れば、そこに動きが生まれ、よい刺激になるのではないかと思ったのです。

動いたことで分かったこともありました。

一つは、研究において、新たな観点で新しい挑戦を始める良いきっかけになるということ。引っ越しは荷物と頭の整理にもなります。もう一つは、学部の違いによって運営の仕組みが随分違うと実感したことです。理学部と工学部では、意思決定が行われる会議の呼び名も違えば、決定者も一方では教員なのに、もう一方では事務職員であるなど、さまざまな違いがあったのです。運営面の違いを細かくみていった結果、事務体制を見直せば、教員にとって最も大切な教育研究のために使う時間をもっと確保できるはずだと確信しました。本当に教員が考えるべきことは、理学部でも工学部でも教員が行っていましたが、そうではない、事務職員に任せたほうがよいのに教員が行っていたこともずいぶんたくさんあったのです。

ひとつの部局にしかいないと、その部局のやり方に慣れてしまい、他の方法の可能性を考えることさえしなくなってしまいます。理学部と工学部の両方に所属したことで、運営の仕方は部局ごとにさまざまであることに気づき、何がベストな方法かを考える機会を得たことは、私にとって非常に有意義でした。

中学時代のアマチュア無線部にしても、普通のやり方しか考えなければ、そんなことは無理だ、で終わります。大学院時代の実験装置にしても、与えられたものの中でできることだけをやるのが普通だと思いますが、それでは新しい発見は得られなかったでしょう。やりたいことが決まったら、いろんな人に相談したり、自分で一から作ったり、とにかくあらゆる手段を尽くしてやってみれば、道は拓かれていくのです。チャレンジする手前で勝手に自分に相場をつけて小さくまとまってしまうのは、実にもったいない。みんながもっと積極的に、やりたいことはやりたい、と言えば良いと思います。現行の仕組みを所与のものとして受け入れるのではなく、今のままでは困るというところから出発し、ではどうすべきかと考えていくと、実はやれることがたくさんあるのです。

この発想は、私が総長として取り組んだ東大改革の原動力です。既存の仕組みを一つずつ精査し、全学規模でより良い仕組みを構築してきたのが、私の総長としての六年間でした。

column

01

自分にしかできないことをやろう

二〇一九年四月一二日に行われた平成最後の入学式では、今年も、意欲溢れる新入生を多数迎えることができました。大学院入学式では、二〇一七年秋に発足したニューロインテリジェンス国際研究機構（IRCN）のヘンシュ貴雄機構長から大変すばらしい祝辞をいただきました。

ヘンシュ先生は、ハーバード大学小児病院の教授として研究グループを率いながら、IRCNの立ち上げに取り組んでおられます。ヘンシュ先生はハーバード大学の学生時代に、本学医学部の伊藤正男先生の脳科学の本に出会って強い衝撃を受け、伊藤先生を慕って来日、大学院は東大で学ばれました。ヘンシュ先生にとって、伊藤先生は心から尊敬している最高のメンターです。祝辞では、恩師から学んだ五つの大切なポイントを紹介され、その中の、二番目のアドバイス"Choose something that only you can do. Be unique in the world"をここでも是非紹介したいと思います。

人生をかけて挑戦する目標の選択は、研究者に限らずとても重要です。ヘンシュ先生は伊藤先生のこの言葉から、自分の幼少期の体験との繋がりから興味を持った、脳を発達させる仕組みこそが自分のテーマだと感じたのだそうです。ドイツ人の父と日本人の母の間に日本で生まれ、三歳でアメリカに移ったヘンシュ先生にとって、三つの言語を操るのはごく自然なことでした。フランス語の授業で同級生が大変苦労していたのに自分はすんなり学ぶことができ、自分の特長に初めて気づいたそうです。それが自分にこそ見える世界だと感じ、ヒトの成長過程で脳がどう発達するのかということに大変興味を持ったのです。

研究とは、誰も未だ知らない知を生みだす作業です。研究者が取り組む課題はさまざまですが、テーマの見つけ方を教えることは簡単ではありません。ここで、「自分だけができることをやれ」というのは重要なヒントです。自分だけにできることを探すには、自分が何者かを知り、自分が何にワクワクするかを問うことも大切です。ヘンシュ先生の祝辞はこれから研究を始める人だけでなく、研究者、あるいは他分野ですでに活動する人にも役立つアドバイスです。祝辞は全学サイトに掲載されていますので、ぜひ一読してみてください。

ヘンシュ先生から祝辞をいただく幸運に恵まれたのは、伊藤先生とのつながりがあってこそのことです。そのヘンシュ先生が、高い志を持ち多くの可能性を秘めた学生たち若き研究者たちに、さらなる高い山を目指して登るきっかけを作ってくださることを楽しみにしています。

「学内広報」一五二二号（二〇一九年五月二七日）掲載

第2章

運営から経営へ

前章で大学が経営体になることが求められていると述べましたが、経営体としての大学、とは具体的にどういうことでしょうか。

ここで言う「経営」は、いわゆる営利企業の経営と同じ意味ではありません。言うまでもなく、教育は公共性の高い活動ですから、高等教育の実践の場である大学は、当然、公共財と位置付けられます。

問題は、大学の高等教育により恩恵を受けるのは具体的に誰なのか、ということです。日本の大学では外国人留学生も学んでいますが、日本に居住する者だけを想定すればよいのでしょうか。

東大は、日本の学術をリードする大学として、日本の近代化を支える高度人材を育成するとともに、最先端の研究によって長年日本社会の発展に貢献してきました。しかしいまや、社会問題の多くはグローバルなものとなり、日本は特に高齢化などの分野で課題先進国となりました。東大に期待される役割や機能も格段に高度化し、及ぼす影響力も広範囲になっています。国家という単位を超えて、学術の歴史と伝統を受け継ぎながら、新たな知の創造に積極的に関与し、世界全体に貢献することが求められています。それはとりもなおさず、「公共財」としての想定範囲が、日本国内からグローバルに広がってきたということです。

そう考えると、大学の今日的な役割は、長い年月をかけて知を創り出すことによって、日本国民だけでなく地球や人類の未来にも寄与するような活動を展開する、ということになります。

デジタル革新に端を発する社会のパラダイムシフトが、既存のメカニズムの齟齬を露呈させたいま、現行の経済メカニズムで社会を回し続けていくと、さまざまな不都合が出てくるどころか、長期的に見て絶対に守らなくてはならないものが損なわれてしまうことがわかってきています。気候変動などに見られる地球環境の問題はその代表です。公共財としての大学の使命とは、そのような世界規模の問題への解決策を見出し、大きな方向転換を促すことにあると私は考えています。

1．大学の活動はどう支えられるべきか

では、そうした大学の公益的な活動は、誰がどのように支えるべきなのでしょうか。大学の受益者と言われると、まずは大学で学ぶ学生を思い浮かべる方も多いと思いますが、すでに述べたように、大学の役割は学生を教育し社会に送り出すことだけではありません。大学は学生から授業料を得ていますが、今後公共財としての大学の力をより良い形で発揮するためには、大学の活動を支える仕組みもまた再構築・再構成されるべきなのではないでしょうか。

大学が公的な存在であるのなら、活動資金は政府が出せばよいという考え方もあるでしょう。しかし、現在の日本政府は、国民からの多額の税金を集める大きな政府ではなく、市場の働きに効率化（経済成長）を委ねる小さな政府を目指しています。国立大学の法人化や運営費交付金の減額はその証であり、資金面で政府に過度に期待しても、公共財としての大学の使命を果たすことは到底できません。そもそも日本の財政は大変厳しい状況にあります。

東大は、地球と人類の未来に貢献することを目標として掲げています。そして、その貢献に対して正当な評価を得ることで、さらに活動の幅を広げるという好循環によって成長していくべきなのです。

これを実現するためには、まず大学が自律的に意思決定できることが不可欠です。今日、価値創造を行う場面は非常に多様で複雑になってきています。学術活動の現場で生み出される価値を最もよく把握していて、学術活動を成長・発展させていくための投資先や規模について最も的確に判断できるのは、学術活動を行っている大学に他なりません。しかし、税金由来の国費から得られる資金については、国民全体の合意や政府の方針への配慮が少なからず必要となります。

社会の変化がゆっくり進んでいるときなら、合理的に修正をしながら重要な部分を見極め、投資していくことも可能でしょう。しかし、現在のように変化のスピードが速い時代には、そうしたやり方では臨機応変な対応ができません。重要な研究のほとんどは激しい国際競争のなかにあり、タイムリーな投資ができなければ機会を逸してしまいます。お金の投入には、タイミングも重要なのです。現場としては「今だ」とそのタイミングがわかっても、すぐに資金を調達できなければチャンスを逃してしまいます。

また、国から国立大学に配られる運営費交付金のほとんどは、人件費などの固定費に使われています。大学の社会的使命は新しい知を創り出すことであり、それはすなわち無から有を生み出すことです。そのためには一定の先行投資が必要ですが、公的財政が逼迫している現状では、新規の取り組みに対する先行投資を国費から確保するのはきわめて難しいのです。

そうした状況のなかで、「大学が自律的に意思決定を行い、経営サイクルを回すようにすべき」というメッセージが文部科学大臣から発せられました。重要なのは、大学の活動を持続可能にしながら、現状維持ではなく成長していく方向に持っていかなくてはいけないということです。大学の財源が従来の運営費交付金しかない状況でこの指令に応えるために大学にできることは、節約しかありません。でも東大には、みんなの力を合わせて大学の活動を成長させることが期待されています。大学が、その活動によって人やお金というリソースを拡大させることができるモデルを早急に作らなくてはなりません。

繰り返しになりますが、大学には「経営体化せよ」という命題がすでに降ってきています。大学は公益を目指す事業体であり、しかも非常に広範で多様なステークホルダーが想定されます。だからこそ、大学が経済システムに主要なプレイヤーとして新規参入できれば、その経済システムが社会をより良い方向に向かわせ、変わっていくきっかけにもなる。これこそが、「東京大学ビジョン二〇二〇」で掲げた「社会変革を駆動する」ことの、経済の観点からの意味なのです。

国は大学に「経営体になれ」とは言いましたが、どうすればなることができるのか、その手法は一切提示しませんでした。しかし、国に運営費交付金を減らすのをやめてくださいと陳情しているだけでは、埒が明きません。新しい知恵が必要になるような地球規模の問題は次々と発生しています。国をあてにしてこのまま衰退するに任せてはいられない、大学自らが解決の道を開拓する必要があるだろう、そう考えたのです。

2. まずは運営の改革から

若手研究者雇用の創出

まず取り組んだのは、資金の調達方法を根本から考え直すことでした。大学として主体的に活動を展開するためには、やはりお金が必要です。しかし、従来の大学の資金調達にはさまざまな問題がありました。大学として現代的な役割を担いながら社会に貢献したいと思っても、伝統的なやり方に紐づいた資金しか得られないままでは新しい挑戦はできません。従来とは違ったセクターからの資金が流れ込むようにすることが絶対的に必要でした。

東大は法人化前は国の機関であり、現在でも活動資金の大部分は国の運営費交付金と国からの補助金です。すでに述べたように、この運営費交付金は年々減額されています。そのことは多くの大学関係者が問題視していますが、一方で、その使い方については十分な工夫が行われていませんでした。私は総長に就任した時点でそのことに気づいていて、国に運営費交付金の増額を求めたり、外部からの寄付を募る前に、いただいている交付金の使い方をとことん見直そう、と考えたのです。

東大には、年間約八〇〇億円の運営費交付金が配分されており、教職員の雇用や基本的な活動である教育・研究を支える貴重な基盤財源です。従来、運営費交付金はまず各部局という箱に分かれていき、各部局で使い道を決めていました。法人化前、文部科学省からの予算が直接各部局に配られていた時代の方法がそのまま踏襲されていたのです。部局長にはその部局へ配分される予算は通知されますが、隣の部局にいくら配分されているのかは知らされていませんでした。その結果、東大全体としてのスケールメリットを生かせないばかりか、各部局で個別に予備費を確保するような非効率なことが起こっていました。これでは資金を機動的に使うことはできません。大学の予算が少しずつ減額されるなかで国立大学時代と同じ運営を行っていたことで、何が起きたか。若手研究者の安定的なポストの数が激減してしまったのです。

学問を継承・発展させていく若手人材を育てるのは、東大のみならず大学全体にとって重要な使命です。しかし、運営費交付金が毎年削減されていくなかで、そうした若手雇用の部分が最も影響を受けてしまったのです。

実は、運営費交付金は削減されていますが、東大の事業規模が縮小しているわけではありません。科学技術基本法が施行された一九九五年以降、大学の普通の研究室でも大型研究の受け皿になれるという方針転換が行われました。かつて国立研究所や理化学研究所、大学では大きな附置研究所でしかできなかったような、年間数億から十数億円ものプロジェクトが大学の一般の研究室でも行えるようになりました。しかし、このようなプロジェクト経費のほとんどは時限付きで、人材の安定雇用には使えなかったのです。一方で、大規模なプロジェクトを進めるには人材、特に若手研究者が必要です。結果的に、このような時限付きの外部資金による若手研究者の任期付き雇用がどんどん増えていったのです。

研究者人生において、五年程度、ポスドクとして研鑽を積むこと自体は大変良いことだと思います。自分が育ってきた場所と別の環境に身を置いて、真剣勝負をすることは、研究者として大変貴重な経験になります。問題は、そのような研鑽を積んだ若手研究者を雇用できる安定的なポストが大幅に減ったことです。その結果、若手研究者の中には任期付きの雇用を何度もつなぎ続けることが常態化して、最終的に四〇歳代半ばで研究者を諦める人まで出てきてしまいました。これはあってはならない事態です。

そもそも、欧米では社会の中で博士号取得者が人材として高く評価されており、また博士課程の学生も研究上の戦力として位置付けられているので、支援が充実しています。博士号を取得した人が安定した職に就けない、また博士号取得までは生活費も得られないというのは、国際的に見ても非常におかしな状況です。

今は、技術革新により社会全体がパラダイムシフトしています。新たな未来社会を創り出さなければならない状況で、学術について高度な素養を身につけた博士人材の役割は、これまで以上に大きいものとなるはずです。もちろん、数学や基礎物理学などの基礎科学や、日本にしかない人文社会系の学問を維持・発展させるためにも、博士人材は必要です。その部分の仕組みが現在甚だしく劣化しているとすれば、これはすぐにでも着手すべき、東大全体の将来にかかわる問題です。若手研究者をむしろ積極的に雇用し、未来に投資することは、大学として当然の経営判断なのです。

国立大学時代のように、教職員の雇用を運営費交付金に紐づいた形で管理しようとすれば、運営費交付金の削減に伴って若手研究者の安定雇用を縮減するという判断になってしまいます。しかし、運営費交付金の額にかかわらず、若手研究者の安定雇用は増やす必要があるのですから、従来の仕組みにこだわるのではなく、若手研究者の安定雇用をどうすれば増やせるか、という前向きな発想で考えなければなりません。国からの運営費交付金の増額が期待できなくても、財源を多様化できれば、もっとも重要な若手研究の安定雇用に資金を回すことができるはずです。そのために学内でどのような仕組みを作ればよいか。私は総長として一つ一つ考え、全学に提案していきました。

スケールメリットを活かして若手雇用財源を生み出す

まず最初に着手したのは、東大全体の財務の透明化でした。そうすれば、東大全体のスケールメリットを生かせると直感したからです。プロジェクト経費の獲得で、東大全体としての予算規模は拡大しているのですから、個々の財源は期限付きだったとしても、みんなで融通し合うことができるはずです。そこで、競争的資金で雇用している人でも、無期雇用にふさわしい人材であると合意できれば、パーマネントのポストに登用することができるという制度を作ったのです。

大学全体の資金の流れを透明化したことによって、各部局が持っていた予備費の無駄も明らかになりました。各部局で年度末に余った予算を慌てて使うのではなく、前倒ししてみんなで使うことで全体の機能を強化し、若手雇用促進の施策を打つことにしたのです。ポスト新設に使える真水の財源は少ないのですが、そうした形で各部局のお金を安定雇用に使いやすくしていきました。こうして、三百数十人規模の安定ポストを新たに作ることができました。

総長として六年間、大学内で工夫し、安定雇用への振り向けを誘導するような呼び水を必死に作り出していった結果です。

おかげで、少数ながら非常に優秀な人材が世界中から集まってくれました。その好例が東京大学卓越研究員です。この制度では、ある共通基準で全学として選んだ人材を、部局とマッチングしているのですが、文部科学省で行っている同様の制度と比べても、マッチング成功率が非常に高くなっています。東大の人事もかなり開かれてきたと言えるのではないでしょうか。

そうした経験を通じて、若手研究者雇用に同じ金額を使うのであれば、時限付きではなく、パーマネントのポストとして公募したほうが、より優秀な人が集まるということがわかってきました。これまでは、その財源を提供する研究室のプロジェクトが万が一止まったらどうするのか、パーマネントの雇用はリスクだという発想で運営されてきました。その発想を転換し、まずはその人が東大にとってぜひ採用したい、ファカルティになるべき人物なのかどうかを、お金の問題は脇に置いてみんなで判断し、それに足る人物であれば、みんなで協力してパーマネントの席を用意しましょう、という人事制度改革を行ったのです。

これは、公募段階でパーマネントのポストで募集すると宣言しているのであって、審査の結果、よければパーマネント、そうでもなければ有期雇用ということではありません。誰から見ても東大が採用するのが当たり前と言える優秀な人材を、長く有期雇用にとどめておくべきではありません。同じ研究室のあの先輩はあんなに能力があってすごいのに、ポスドクを繰り返して生活もままならない、などということになれば、周りの学生の夢もありません。もちろん、この仕組みの前提には大学内の予算の透明化があり、なにより学内にしっかりとした相互の信頼があったからこそ実現したのです。

学内における多様性を促進する

若手研究者雇用の問題は一歩前進しましたが、優秀な研究者を安定雇用するだけでよいということではありません。大前提として、大学は多様な知の誕生を促進し、過去の業績にかかわらず、新しい挑戦へのチャンスが与えられる場でなくてはなりません。たとえ実績がなくても、やりたいことに意味があれば尊重し、応援していかなくては、新しい知は生まれないのです。しかし、現在日本の大学はこのような場を提供することが難しくなっています。東大には幸い、優れた人材が集まってきますので、大学界全体を引っ張り上げることができるはずです。

そのためにはまず、狭い専門分野内だけでアイデアを競わせるのではなく、全学で共有できる大きな場が必要です。そこで、全学の予算の一部を使って各部局から新しいことに挑戦する提案を募り、それを学内の教員みんなで審査して配分を決める仕組みを作りました。新しい挑戦を評価すれば既存の資源を失うというゼロサムの発想ではなく、加算的に提案を奨励することで、プラスアルファの部分がレバレッジとなり、全体としてより大きな価値が生まれるのです。そうした仕組みでなくては、構成員の多様な活動を尊重しながら大学全体として発展していくことはできません。

従来の市場原理に基づく会社経営であれば、単に切るものは切ればいいという話になるかもしれません。しかし、大学は既存の一や一〇のものを一〇〇にしようとする会社とは違い、ない知恵をつくることにこそ、価値を見出す場所です。〇から一を生み出すには、自由で柔軟な発想が阻害されないよう、多様性が守られた環境にあることが非常に重要です。新たに追加したものが失敗だった場合のリスクは全体で負えばよいし、新しい挑戦をすることは大学全体の価値を高めることにもつながります。大学の経営では、価値の評価そのものが多様であることを最大限認めておかなくては、判断を誤るおそれがあるのです。

ところが実際には、加算どころかマイナス基調のもとで、ずっと真綿で首を絞められた状態のまま一〇年以上もの年月が経ってしまったために、研究者のマインドが変わってしまっていました。新しいものを創り出すことの楽しさに魅力を感じて学問の世界に飛び込んだ先生方が疲れてしまい、新しいものを創るより、従来のものを守っていたほうが安全だと考えるようになってしまったのです。せっかく自由に提案できる仕組みを作ったのですが、皆さん最初はすごく萎縮していました。とはいえ、さすがは東大、先生方のマインドセットチェンジのスピードは想像以上でした。二年、三年と続けていくうちに、さまざまな分野から非常におもしろい、ワクワクするような提案がたくさん出てくるようになったのです。今やちょっとやそっとの提案では、議論の俎上に乗らないほど、提案のレベルも上がっています。

3. 資金循環を生む三つの新戦略

すでにある予算の透明化と配分の見直し、学内における闊達な議論の場の創出により、東大が今後も「地球と人類の未来に貢献する『知の協創の世界拠点』」

となる素地を固めることはできました。次に必要だったのは、資金循環の仕組みを作ることでした。知の協創拠点としての東大の価値を評価する人たちから資金を集め、その資金が循環する仕組みを、複数のパターンで作るのです。

これは、すでに述べた「財源の多様化」そのものです。もちろん「そういう東大になら税金を使ってもいいよ」と国民が理解してくれれば、それは一つのソリューションになりますし、「そういう東大なら財産を寄付したい」というお申し出をいただけるかもしれません。あるいは、公益のための活動をすることで自らの株主を惹きつけたいと考える民間企業が、東大とパートナーシップを結んで共同研究をしたいと申し出ることだってあるでしょう。

では、東大の活動の価値はどのように評価されるのでしょうか。このことを考えるうえで重要なことは、社会全体が向かいたいと思っている方向をきちんと捉え、その方向性に則った形で大学の活動の方向性とその価値を主張することです。従来型の資本主義に基づく経済システムの中でお金になりそうなところを追いかけるのではないのです。

①新しい産学協創事業

運営費交付金の使い方を改善したことで、方向性を持った活動が多少やりやすくなったところで、次に私は産業界との連携を見直すことにしました。

産業界との共同研究は、現在年間二〇〇〇件ほど行われています。従来、その一つひとつの契約は、年間一〇〇万〜数百万円程度の規模のものがほとんどでした。多くの場合、まずは企業から現場で問題になったことについて、最先端装置を持つ東大の〇〇研究室で解決してほしいとの依頼があります。東大はそのために行う実験等のコスト、実費を必要経費として積み上げて計上し、共同研究契約を締結します。そうして企業から提供された「経費」を使って、大学院生や若手研究者が研究に取り組んでいたのです。

しかし、大学と連携して問題を解決することでその企業が得る価値は、本来解決に必要な経費とは関係ないはずです。例えば東大が実験の実費を積算して一二〇万円の共同研究契約を企業と締結した場合、東大の知的創造力という価値はゼロ査定というわけです。つまり東大は、その共同研究によって企業が真に得る価値を無視した金額で契約を結んでしまっていたのです。

それはある意味でやむを得ないことでした。私が総長に就任するまで、東大には、自らの知的想像力の活用によって生み出される真の価値をきちんとした契約書の形で提示できる専門スタッフがいなかったのです。もちろん法学部には法律の専門家がいますが、大学の法務を専任で担う法曹有資格者を、東大は一人も雇っていなかったのです。そこで私は、まず理事会メンバーと知的財産部長に現役の弁護士を迎え、法務のプロの視点で東大の運営を見てもらうことにしました。

産業界には多様なビジネスモデルがあります。東大が民間企業などとあるべき契約を交わすためには、その一つひとつについて法的観点から個別に検討し、双方が合意できる契約書を作成しなくてはなりません。それまでは、いくつかの契約書の雛形を用意し、それにむりやり当てはめていたのです。雛形は、いずれも企業にとっては帯に短し、襷に長しといった具合で、本気の勝負をかけるビジネスには持ち込めないものでした。どんなによい共同研究であっても、契約書がいい加減では、企業が本気のビジネスに組み込む際にはリスクとなります。

私は実はずいぶん前からそのことに気がついていました。というのも、立派な大企業に就職した優秀な卒業生から持ちかけられる東大との共同研究の提案が、なぜか創造的でもなく、革新的でもないようなテーマが少なくなかったからです。よく調べてみると、どうやら本当に重要な面白いテーマで成果が出てしまうと、大学は企業が求める高いレベルで契約を結ぶことができないため、その後の知的財産の扱いなどが面倒で、むしろリスクになってしまうのです。東大との共同研究ではそのリスクを回避するために、本気のテーマは持ち込めないという様子がわかってきました。しかし最初から妥協したところでのテーマであるなら、斬新な研究成果など出るはずもありませんし、大学と企業とのウィンウィンの関係を構築することなどほど遠いことになります。

民間企業は、株主に説明でき、法律的にも齟齬のないような契約を結ばなければなりません。まずは、一本一本の契約について合理的な交渉を積み重ね、これまでゼロ査定であった東大の価値に値段を付けていきました。そうして行った値付けのいくつかでも、民間企業で通用するものになれば、歪みが拡大し続ける市場主義経済自体をよい方向に修正できるかもしれません。

実に壮大な話です。私は総長就任以来、この話に乗ってくれそうなさまざまなセクターの人を片っ端から説得し、東大をどのように見せれば産業界が関心を持ってくれるか、試行錯誤してきました。東大が社会にどんな価値を生み出していくのかを伝え、賛同してくださった企業から資金をいただき、その資金で大学の活動を拡張し、その成果がまた次の資金を呼び込むというサイクルを作りたかったのです。それこそが「大学を経営する」ということです。

東大では、大企業と連携してビジョンづくりを行おうとしています。日本の大企業が今困っているのは、現場のトラブルを解決することより、むしろ次の投資先がわからない、どの方向に進めばいいかが読めないということです。そこで私は、企業が東大と連携して未来に向けたビジョンをつくっていく枠組みを作りました。企業側の個別の課題に東大が対応するのではなく、今後何をしなくてはいけないのかを、各企業の特徴を踏まえながら共に議論し、実行に移していくのです。このような組織対組織の連携を「産学協創」と呼んでいます。

東大は、これまでに日立やＮＥＣ、ダイキン工業、ソフトバンクなどと産学協創協定を締結しました。

例えばダイキン工業はエアコンの高シェアを誇る専門メーカーですが、今後ますますエネルギー問題が深刻化するなか、エアコンビジネスをどちらの方向に進めていくべきかを東大との連携で模索しました。私たちが共有した象徴的なキーワードは、「空気の価値化」です。「空気」自体を価値のあるものにしていくためのビジネス戦略とはどうあるべきか。その思想を軸に、具体的な課題に取り組んでいこうという構想で、東大としては、工学部の先生はもちろん、法律、経済、心理学、医療など、さまざまな東大の資源を自由に使えるようにすることを提案しました。すると、ダイキン工業の井上礼之会長は「空気の価値化というテーマで東大と連携するのなら、一〇年で一〇〇億円分の価値は十分にある。やりましょう」と快諾してくださったのです。こうして、それまで東大が行ってきた産学連携のコスト計算とは全く異なる次元の値付けが行われたのです。

企業は短期／長期、さまざまな見通しのもと、多様な投資家を引きつけながら経営を行っています。そのなかで大学が得意とする長期的ビジョンについて連携していけば、単なるコストの積み上げとは違った形で企業が大学に投資するメカニズムが生まれます。

ダイキン工業は、二〇一八年に開始した東大との共同研究によって、すでに一〇〇億円相当以上のポジティブな効果を得ていると聞いています。それだけでなく、多くの若手社員が未来の価値創造のために自分たちが何をしなければいけないかを熱心に考えるようになったそうで、井上会長はそのことをとても歓迎していました。彼らのR＆Dへの投資は年間一〇〇〇億円規模であり、「それを考えれば年間一〇億円は誤差レベル。良い協働案件があれば、もっと金額を増やしてもよい」とまでおっしゃってくださいました。新しい価値を見せていくことには、それだけの可能性があるということです。

このような観点で一つずつ契約を見直していくと、大学が行っている知を創造するという活動が長期的な公益にいっそう資する形になります。また、民間企業にとっても株主へのリターンを生むものとして使える価値になるのです。そうした発想で、大学に入ってくる資金の可能性を広げるとともに、従来の方法を根本から見直していったのです。

最近では、産業界とより進んだ連携の形も開発していますが、これは第4章で詳しく述べることにします。

②既存の資産と寄付の活用

ここまで説明したような機能は、東大がすでに持っている潜在力を活用しているので、事前の投資はさほど必要ありません。しかし、大学が公共的な価値を持続的に生み出していくためには、ある程度の初期投資を行い、施設や設備、人材などを揃える必要があります。

一方で、国は大学に経営体になることを求めましたが、少なくとも私の総長としての任期中に国から初期投資費用となるまとまった資金が用意されたことはありませんでした。しかし、国から資金が得られないからといって大学の活動を停滞させるわけにはいきません。私は総長就任から六年間、まるで乾いた雑巾を絞るような思いで資金を生み出し、大規模な事前投資がなくてもできることを一生懸命工夫してきました。

その一つは不動産の活用です。東大は、不動産だけで一兆数千億円の資産を持っています。それをそのまま不動産業に活用することはできないにしても、学生寮や教職員用の宿舎、キャンパス周辺の駐車場などについて、最低限、民間企業並みの目線で点検し、世間並みに価値が出るように修正しました。東大は本郷の一等地にあり、その土地が全く活用されていないようでは、これまで一四〇年以上にわたり出資してくれた国民にも説明がつきません。これで年間一一億円を確保することができました。

運営費交付金は年間一〇〇億円が削られたものの、東大は、授業料収入や病院収入、さらに研究者が獲得する科研費や競争的資金などを合わせると、年間二三〇〇億円以上のキャッシュフローを持つ事業体です。そこで、この一一億円を、どのように使うのが賢いのでしょうか。この二三〇〇億円のなかに混ぜるべきではないと考えました。なぜなら、二三〇〇億円の使途はほとんどが決まってしまっており、これに一一億円を追加しても、大学の活動規模を能動的に成長させる資源にはなり得ないからです。

大学が自助努力で生み出した資金を、いかにレバレッジを利かせて大きくしていくかを考えなければなりません。例えばアグレッシブな運用に回してリターンが返ってくれれば、使途の制約のない自由な資金が得られるのです。

大学が自由な資金を持つには、寄付を募ればいいとよく言われます。しかしいくら寄付をいただいても、そのまますぐに使ってしまうのは、東大のような規模の大きな大学ではあまり賢い選択ではありません。二三〇〇億円の予算にインパクトを与えるほどの寄付となると、毎年一〇〇億円単位で寄付を獲得する必要がありますが、それは現在の日本では、現実的ではありません。アメリカのハーバード大などは、獲得した寄付金を地道に貯めて一〇〇〇億円ぐらいになった時点で投資に回し、そこから生まれるリターンでまとまった資金を得ていますが、これは基金が何兆円もあるからできることで、寄付文化が醸成されていない日本で同じことをやろうとしても、途方もない時間がかかってしまいます。

とはいえ寄付は大事です。そこで私たちは、日本の寄付文化にかなうやり方が何かないかと考えました。日本の富裕層の人たちには、実は現金の余裕があまりありません。相続の際、多額の現金が必要になるため、現金は貴重であり、あまり出したがらないのです。ではどうすれば相続税の負担を減らせるのかというと、資産を生前に贈与しておけばよいのです。現金の贈与はできませんが、自社株や不動産といった評価性資産ならそれが可能ではないかということで国に働きかけ、法改正が実現しました。今では株や不動産の評価性資産であれば、生前に寄付ができるようになっています。例えば、一般財団法人住環境財団からは数十億円相当の株式の寄付をいただきましたが、ここからは配当金だけで年間数億円、自由に使えるお金が手に入るようになったのです。

③「大学債」という発想

これまで述べてきたように、私は大学の活動を支える資金調達のパターンをいくつも編み出してきました。次の課題は、そうして生み出した資金をどのように運用するかということです。現在、東大の基金のうち一一〇億円を、年利率三・五％ほどという比較的リスクの高い形で運用していますが、長期間運用に回すことで高いリターンを見込むリスク投資には、即時換金性がありません。この一一〇億円は、四〇年かけて一〇〇〇億円まで積み上げるつもりですが、そのお金は結局四〇年後までは使えないのです。

私たちには今、大学を改革し、経営体へと生まれ変わらせるためのまとまったお金が必要です。とはいえ、基金の元本を取り崩してしまっては元も子もありません。

そこで考えついたのが、「大学債」の発行でした。今私たちがほしいのは、大学の活動が生み出す無形の価値が、現在の歪んだ資本主義ではなく、新しい経済メカニズムの中で正しく値付けされること、そしてそれによって正当な対価を得て学術活動を展開していく、さらには大学だけでなく社会全体を変えていくための実践をしていく――そのための資金です。「大学債」の発行は、その資金を作るための一つの画期的な方法でした。同時に、遠い先の未来に対して投資をしてもらう、という地球の将来を見据えた発想でもあったのです。

第3章 持続可能な価値創造のために

1．未来への投資——大学債という挑戦

「大学債」がもたらす変革

①大学債による「経営体」への転換

東大が社会変革を駆動する力を生み出すためには、東大自身が真に自立し、自ら戦略を立て行動する「経営体」に生まれ変わらなければなりません。二〇二〇年一〇月、東大が日本の国立大学として初めて発行した二〇〇億円の債券（東京大学FSI債、償還期限四〇年）は、そこに踏み出すための切り札でした。

現在の日本をみると、アベノミクスによって市場にお金が供給され、資金には余裕が生まれたものの、投資先が見つからないために、せっかく用意したお金は

行き場を失っています。そんな折に、コロナ危機が起きました。手元の現金で救われた企業があったことも事実ですが、未来に向けた投資はいっそう停滞しています。これは将来の成長にとって大きな問題です。今のこの日本の状況で、長期投資に見合う新規事業を積極的に立ち上げる企業は大変限られています。そのような環境において、大学が長期の債券を発行すれば、市場にとって非常に魅力的な商品になりますし、大学が自らリスクをとって、ニュープレイヤーとなって市場を引きつけ余剰資金を動かすことは、すなわちより良い未来に向けて「社会変革を駆動する」ことにもなると考えました。

資金調達の手段としては、銀行融資も考えられます。比較的短期で投資に対するリターンが明確に見込める事業、例えば学生寮の建設や病院の改築などについては、銀行からの融資を受けることができるでしょう。現状では銀行融資のほうが債券よりも低利率なので、これらのような特定の事業については今後も融資を利用していくべきです。しかし、未来の東大の価値を高めるために今投資しておくことが絶対に必要なものの多くは、先行投資によって生み出される価値を現時点で見通しにくいため、銀行の立場からすると収益性等を判断できず、融資になじまないという問題があります。北京大学や清華大学に比べても、格段に財政規模の小さい東大が、世界の大学のなかでそれなりによいポジションを保てているのは、一四〇年に及ぶ国による投資の結果といえますが、その価値は何もしなければしぼんでいくだけです。今、世の中が大きく変化している最中であることを考えると、五〇年後、一〇〇年後に備えるためには、今こそ、価値を高めるための投資を強化する必要があるのです。現状では、基盤財源となる国からの運営費交付金の増加は見込めません。企業との連携も、一〇年で一〇〇億円規模の案件も出てくるなど大規模化しましたが、お金の使い方は連携相手の企業と協議したうえで決めるので、使い道を大学が完全に自律的に決められるわけではありません。どうしたら、規模感のある先行投資資金を得ることができるのか。そこで、債券の発行という方法に至ったのです。

債券を発行する第一の目的は、東大を「真に自立した経営体にするために必要な財源」の調達です。この「真に自立的な経営体にするための財源」で大切なのは、東大が自律的な判断で投資対象やタイミングを決定できるということです。自由裁量度が高いことはとても重要です。学術研究と教育の最前線に立つ当事者として、明らかにこの案件に投資すべきとわかっていても、それを現在の経済価値に合わせて説明できるとは限りません。例えば、スーパーカミオカンデの後継となるハイパーカミオカンデについて、その研究結果からノーベル賞が出る可能性が非常に高いことは学問的に予見できますが、それが直接収益に結びつくわけではありません。銀行は、ハイパーカミオカンデから収益が生まれない限り融資の判断をするのは難しいわけですが、債券であれば、東大全体の体力で償還でき、それが四〇年後の価値を確かに高めると投資家に納得してもらえれば、こうした「夢」に投資していただくことも可能になります。

また、大学における活動の時間軸は非常に多様で、民間企業とは時間軸の捉え方が全く違うことも重要です。銀行融資では三〇年以上の長期借り入れは現実的ではありませんが、大学ではそれ以上の長期を見据えて活動するべき事業も多い。今回の大学債でも、償還期限である四〇年後に価値が高まっている事業に投資すれば、それを償還財源として活用することもできます。つまり、大学債とは、このような大学の時間軸に合った形で財源を調達するツールでもあるのです。

②経済社会システムの変革と未来の価値創造による社会変革

大学自体の機能を拡張していくことは、東大が経済社会システムの変革の駆動力となるための必要条件です。これまでの大学の基本機能は、高校を卒業したばかりの若者を受け入れ、初めて社会に飛び立つ学生に「高い発射台」を用意することでしたが、それだけではこの激動の時代において、社会変革の駆動力にはなり得ません。もっとさまざまな機能を持たせ、役割を拡張していくことが必要で、そのためには大学自体の大胆なリフォームが不可欠です。この債券発行により調達した資金は、そのリフォームのために使えるものです。

機能拡張＝民間組織に近づく、ということではまったくありません。債券発行によって拡張する目的は、公共性の高い社会的価値を生み出す機能を拡大することだからです。今回の債券発行の根底には、公共財としての大学の体力を高めるための仕組みだからこそ、現在の、いわば歪んだ資本主義を延命させるような使い方は決してしてはいけないという思想があります。公共財としての体力を作るのに必要なものとは、何か。それは、四〇年後には必ず価値化されていて、今取り組みを始めなくてはいけないものです。例えばグリーンリカバリー。四〇年後に実現に向けて進んでいなければ、地球環境は回復が難しいほどに劣化してしまうでしょう。経済システムもそれを支えうるものに転換していかねばなりません。

既存の経済社会システムの中で動いているセクターの場合、投資家、株主に十分説明しながら、従業員の雇用も守らなくてはならないので、できることはどうしても限られてしまいます。四半期単位の短期的な利益追求が必須の前提であるビジネス界の立場と、多様な時間軸で活動する大学の立場は異なりますが、その違いは対立するものではなく、互いに補い合うべきものだと考えています。環境問題のような地球規模の課題解決のためには、現行のビジネスモデルのプレイヤーではない大学が、大きな経済循環の中に新たに入り、資本主義の仕組み自体を良い方向に動かしていくことが必要なのです。東大は既存の資本主義のビジネスモデルに拘束されないセクターにあり、創立以来一四〇年余りの歴史の中で先人が築いた信用もあります。それを活用して、今回の債券発行によって市場を動かすプレイヤーになることを宣言し、長期で裁量度の高い資金を調達したというわけです。

大学の無から有を創り出すチャレンジが、経済面の成果としても表れてくるには、やはり時間が必要です。償還期間が短ければ、既存のシステムを前提に収益が得られるものに投資せざるを得ませんが、それればかりしていては大学の基本的な機能すら失いかねません。四〇年というのは、その意味でも必要な期間でした。大学が民間企業にできない活動をするために、この時間スケールは不可欠だったのです。

長期債券に投資をする人は、短期利益とは違った価値に興味を持っています。対話によって投資家に関心を持ってもらえれば資金は集まりますし、対話が成り立たなければ集まりません。経済合理性の観点からも、誰も読まないような何百ページものレポートをやりとりする大学の評価制度より、将来を見通したしっかりとした投資プランを示し、それを格付けや債券の利率水準で市場から明確に評価してもらうほうが、はるかに健全な仕組みと言えると思います。

東大の債券発行が社会にもたらす効果については、以下の二つが特に重要と考えています。

一つは、債券の発行によって東大が自らリスクを取って市場に参加していくことで、無形の知的資産に対する価値付けの歪みを是正することです。東大が持っている無形の知的資産は、現在の経済社会システムのなかでは過小評価されています。それを東大が自ら市場に入っていくことによって、是正しようというのです。今回の「東京大学ＦＳＩ債」はソーシャルボンドとして発行しましたが、投資家への説明では、東大の無形の知的資産の価値を相当にアピールしてきました。投資家に直接アピールする機会は、東大自らが市場に参加することによって初めて得られたものであり、大きな意味があると実感しました。もう一つは、債券発行によって日本国内に眠っている資金を動かし、より良い社会の実現に向けた資金循環を生み出すとともに、知識集約型社会にふさわしい経済メカニズムの創出につなげることです。

債券発行によって調達した資金は長期的な時間軸で行われる学術的活動に使い、そのことによって大学の経営を自立させていく。それがひいては社会変革を駆動することにつながっていく。さらには債券発行で東大が市場に入り込むことによって、資本主義そのものをより良い形に修正していく。こうしたメリットに賛同してくださる企業の方々に投資をしていただき、共にこの歩みを進めていきたい、というのが大きな方針でした。

「東京大学FSI債」の三つの特徴

大学が債券を発行すること自体は、東大が初めてではありません。欧米の大学でも、すでに行われています。欧米の大学は、債券の発行を自由度の高い資金調達方法のうちの一つと捉えています。そのほとんどが使途に制限のない、一般目的での発行です。欧米の大学では、コロナ禍で寮費などの収入が途絶えたことも影響し、キャッシュフローを確保するために、債券発行が活発になりました。一方、東大は日々の運営資金に困って債券を発行したわけではありません。これまで自由度のある資金がほとんどゼロだったなか、長期的な視点で先行投資を行う財源を手にし、さらには市場に新しい風を吹かせ、まさに「社会変革を駆動する」ことを目的とする、いわば「攻め」の活動です。東大で取り組んできたFSI（Future Society Initiative：未来社会協創）の枠組みを活用したソーシャルボンドとして発行し、社会的な価値の創出、公共性を強くアピールしたこと、さらにソブリン債（各国の政府や政府関係機関が発行する債券）に近い性格を持つ債券であるということも非常にユニークでした。世界的にみても類を見ない債券発行であると考えます。

三番目の大きな特徴は、これは日本の事情も影響していますが、最初から四〇年債として発行したことです。これほどの長期債は通常、日本ならＪＲやＮＴＴといった、誰がどう見ても経営が安定しているような、歴史も伝統もあるごく限られた大企業しか発行できません。五年債や一〇年債の経験さえない東大が、いきなり償還期限四〇年の債券を発行するというのは、通常の債券発行の発想からすると、相当に異例だったようです。東大に対する社会の強い関心や高い信用があったからこそ可能となったのです。

償還準備金は現状で十分賄える

そうは言っても、債券とは結局は借金です。今回の債券発行に対して、私たちが利益を先に使ってしまって、後の世代にその返済を押し付けるのかという意見もあるかもしれませんが、私たちはそうは捉えていません。

まず、債券による先行投資が生み出す収益を見込まなくても、すでに現状で十分償還できることから説明します。今回発行した債券の主な償還財源としては、寄付金の高度運用で得られる年間三億円の収益を想定しています。二〇二〇年度はすでに約八・五億円の収益がありましたが、株式市場の活況も影響していますから、平均値として年間三億円を想定したわけです。これは、いまの東大執行部が先達の築いてきた資産を活用しながら、努力して絞り出した資金です。

また、私の任期中に、雑収入が約一・五倍と大幅に増加しています。たとえば先日整備が完了した南研究棟のインキュベーション施設や、駐車場などの賃貸によるものです。このほかにも、東大が保有する土地や建物の不動産資産で、ほとんど利用されていなかったものを活用し、収入源としました。従来とは全く異なるパターンの資産活用により、年間一一億円ほどを生み出すことができました。これらは長期間持続的に賃貸料収入が見込めるので、年六・五億円を償還に回せると見積もっています。このほか、目白台と白金台キャンパスの土地活用についても、合計一・八億円の収入を見込んでいます。これらを四〇年間貯めていけば、優に四〇〇億円以上になる。現状の収入を積み立てるだけでも、十分償還が可能なのです。

これだけでは、将来的に使えるはずだった利益を先に使っているだけだとの批判があるかもしれません。もちろん、返せるから借りたというのでは、わざわざ債券を発行する意味がありません。まとまった資金を手にしたのは、インパクトのある規模で先行投資をする必要があると考えたからです。四〇年後に、大学の持つ無形の価値がきちんと収益化される社会を作るための投資もしておくべきです。つまり、今儲かるものに投資するのではなく、むしろ、今の常識ではお金になりそうもないけれど、学問的にはきちんと価値があるものに投資することが重要です。大学の活動を通して、知的な価値が経済的にも評価されるような社会に変えていくことも不可欠です。知識集約型社会へのパラダイムシフトが進むなかで、知的な価値が経済的意味を持たなければ、大学はもちろん、日本社会を良い形で発展させることなどできません。「東京大学FSI債」では、「どう見てもこれはお金を生まないだろうというものにも投資する」と宣言しています。それにもかかわらず、この債券はこのたびソーシャルボンドとして認定され、市場からも非常に高い評価をいただいています。東大の債券発行の本来の目的は、市場に溢れているお金をより良い社会を作るための東大の活動資金として活用することであり、そこに賛同する人たちに投資してもらうことですが、市場の反応を見る限り、まずは成功していると自己評価しています。

未来への投資という発想とソーシャルボンドの世界的潮流

次に、大学が生み出す社会的価値が今後どう推移していくかを考えてみましょう。さまざまな改革により生み出した一一億円は、現状を維持できれば、毎年ほぼ安定して入ってくるお金です。しかし、従来のやり方で、一一億円を毎年使っても、大学のリフォーム資金としては焼け石に水です。今回、債券発行により二〇〇億円というまとまった先行投資資金を活用することができるようになりました。私たちが思い描いているのは、今思い切って大きな投資をすることによって、成長のペースを上げることです。集中投資により、さらなる成長の原資を生み出そうとしているのです。

先にも述べたとおり、そもそも今回の債券は、東大の財政が厳しいから発行したわけではありません。二〇一一年から一九年までの八年間で、東大の経常収益は一九五億円も増えています。二〇一九年度の東大全体の収益は二三〇〇億円にまで達しました。つまり、ずっと成長はしているのです。ただし、増加した収益の約半分は病院からのものです。東大病院では施設拡充のための投資を行ったばかりですので、当然その償還分を確保しておかなければなりません。それを差し引くと、この八年間での増加分は約一〇〇億円。この間、欧米の有力大学は大型資金を獲得し、思い切った投資を進めています。このまま年間一一億円程度の投資をゆっくりしているようでは、東大は将来、非常に厳しい環境に置かれてしまうのではないか。私たちは、それを強く懸念しています。

実は現在、企業も多くのソーシャルボンドを発行しており、業界は活況を呈しています。「ICMA」（International Capital Market Association：国際資本市場協会）のウェブサイトにあるグリーンボンドとソーシャルボンドの債券データベースを見ると、その登録数の多さに驚かれると思います。つまり、ソーシャルボンド発行はいまや世界の大きな潮流になっている。企業も社会から評価される存在でいるためには、社会的活動をきちんと開示していくことが、強く求められているのです。

なかにはフランスの食品大手企業のダノンのように、経済利益と社会的価値の創出を同時に推進すると宣言する企業も出てきています。そうした企業では、社会的価値の創出を怠っていると、取締役は、日本でいうところの「善管注意義務違反」で刑事告訴を受けてしまうほどです。こうした時流に鑑みると、東大のようなそもそも公共性の高い組織がソーシャルボンドを発行するというのは、いたって自然なことなのではないかと思います。

ソーシャルボンドという枠組みをとったことで、今後、東大は毎年債券発行で調達した資金の活用状況に関する情報を開示することになります。これは経営体として説明責任を果たすことでもありますし、外部の投資家などにとってみれば活動のモニタリングができるメリットになります。大学の構成員には負担が増えるかもしれませんが、公共財としての活動をきちんと示し、社会から評価を得ることは、大学が長期的に安定して活動していくための大きな基盤になるはずです。

民間企業は、まずは経済利益を上げることが大前提ですので、ソーシャルボンドを発行する場合にも、そう銘打った債券を発行することが第一の目的になり、投資対象は実は該当する事業を切り出して集めたものであることが多いのです。一方で東大の場合は、公共財として、基本的にはすべての活動で社会的価値の創出を目指しているので、やりたいこと、やるべきことをそのまま説明すれば、投資家からは「ソーシャルだ」と認識してもらえるのです。投資業界内ではそうした認識で通っているのですが、それ以外の外の世界に対しても、我々自身が積極的に説明をしていく必要があるでしょう。

前例のない債券発行

債券発行の準備段階としては、まず財務改革をしっかり行い、生み出せる資金を生み出し、予算配分を透明化するといった前提の努力を行う必要がありました。社会の信用を得るためには、格付け取得が必要でしたし、今回で三年目を迎えた統合報告書の内容も評価される必要がありました。債券発行の経験がなかった東大としては、そうした社会からの評価を謙虚に聞きながら、債券発行に向けて準備をしてきました。

初回の発行額は二〇〇億円でしたが、これに対して発行額の六倍以上の一二六〇億円のオーダーがかかりました。債券発行の際に必ず行う、債券内容を市場にアナウンスし、条件を決めるＩＲ活動の中で、投資家に対して投資表明をお願いしました。「これは単なる資金調達ではありません。社会を良くするためのソーシャルボンドとして発行するので、債券購入者はその趣旨に賛同して投資をしたという表明ができます」ということです。その結果、債券を買ってくれた五六者のうち、四五もの企業等が投資表明をしてくれたのです。投資表明をしてしまうと、当分の間市場で売りにくくなるという理由から、投信・投資顧問などの機関投資家は通常投資表明を行わないそうなのですが、そのような機関投資家でも投資表明をしてくださったところもあります。つまり、この債券を保有していることは会社にとってプラスであると感じた会社が多かったということでしょう。純粋に投資目的で債券を購入する場合は、投資表明などしません。しかし今回の場合は、きちんと活動に賛同する人が購入し、しかも完売しました。我々が目論んでいた、経済社会システムの変革に向かう機運を生み出せたと言えるのではないでしょうか。

大学による日本初の債券発行というだけでなく、社会変革を駆動するという大風呂敷ともとれるその目的ゆえに、この話が果たして市場で通用するのかが、我々にとって最大のリスクでした。しかし、完売したことでそれは杞憂とわかりました。私たちの債券発行の意義が、結果として市場から理解され、支持されたのだと考えています。さらに、二〇二〇年一二月には、環境金融研究機構より「第六回サステナブルファイナンス大賞」をいただくこともできました。

実は証券業界にインパクトを与えるには、ある程度の規模で発行することが必要でした。どんなにすばらしい内容でも、たとえば五〇億円であれば、証券業界がここまで注目することはなかったでしょう。

利率が四〇年間固定で年利〇・八二三%という好条件で発行できたことにも注目していただきたいと思います。東大で行っている余裕資金の予定利回りは年利三・五%ほど。ウィズコロナ、ポストコロナに対応したキャンパス整備には一〇〇億円規模の大規模な投資が早急に必要となりますが、そのために年利三・五%で回っている基金を取り崩すのと、〇・八二三%で債券を発行し、二〇〇億円を手にするのとでどちらが得かといえば、後者であることは明らかです。

今後、債券の償還準備金を積み立てていくことになりますが、その準備金は当然余裕資金として運用しますので、それだけでも収益が上がります。ある程度経てば、償還準備金の運用だけで金利分の返済が可能になるでしょう。

これはつまり、東大という組織の信用を活用して低金利で資金を調達するとともに、その資金を運用することで財務体質の改善を図っているということなのです。ここだけ取り出してみると財テクをしているようにも聞こえてしまうかもしれませんが、そうではなくて、東大の社会的価値を最大化し、東大自らが社会的役割を果たしていくという理念を満たしつつ、経済的な意味でも東大が有利となるような債券発行をしたということだと考えています。

債券で得た資金は、学内での議論を経て、ハイパーカミオカンデの建設やコロナ対応のキャンパス整備、キャンパス周辺の土地取得などに活用することが決まりました。債券発行による資金調達とその活用については、藤井輝夫次期総長にもしっかり引き継いでいきます。

国からの運営費交付金で行うべきもの、企業と連携して行うべきもの、そして長期債券で補うもの——この三つを組み合わせて、重要な事業をもれなく支えていくためには、学内における合意が必要です。内部に信頼関係がない限り、この仕組みはうまく機能しません。多様な活動を行っていることが、大学全体として重要なのだと、高い次元で理解し、それを将来にわたって共有し続けていかなければなりません。

繰り返しになりますが、東大がこの先駆的な取り組みを実現することができたのは、長い歴史のなかで先達が築いてきた無形の知的資産に根差した社会的信用があったからです。そしてその信用を、今、私たちは次世代のため、より良い未来社会のために、生かしていく責任があります。この「東京大学ＦＳＩ債」が開いた四〇年という時間は、遠く離れたところにある「他人事」の未来ではなく、現在の行動の選択において向かいあうべき未来なのです。

2. 地球規模で社会変革を駆動する――グローバル・コモンズ・センター

環境問題や感染症のパンデミックといった、私たちが今後立ち向かわなくてはならない問題はすべてグローバルであり、それらの問題を作っているのは人間の活動そのものです。もはや地球は、環境を人類が支配し、巨大な負荷をかけ続ける新たな地質時代「人新世（Anthropocene）」に突入しています。

誕生から四六億年の歴史を持つ地球に対し、人類の歴史はまだわずか七〇〇万年。その短期間のうちに、人類は不動と信じられていた地球そのものを変貌させてしまうほど、力を拡大しました。それは、産業革命以降、人口が増大しながら人類の活動が急加速してきたことによって顕在化してきたものです。今や地球システムが人類に警告を出してくれているのです。これらの問題は、原因を作った私たち自身がその行動を変容させることで解決を目指さなければなりません。

気候や生物多様性など、人類と地球のすべての生命にとって欠くことのできない地球のさまざまなシステムを人類の共有財産「グローバル・コモンズ」として位置付け、それをどのように責任ある形で管理していくべきか。そのための国際的で知的な枠組みの構築は、まさに待ったなし、喫緊の課題です。東大はこの課題に真剣に取り組むため、二〇二〇年八月に、それまで地球環境ファシリティ（GEF）の統括管理責任者（CEO）兼議長を八年間務めていた石井菜穂子氏を理事として迎え、石井氏をダイレクターとして「グローバル・コモンズ・センター」を設立しました。これは東大が社会変革を具体的に、しかも地球規模で駆動していくためのひとつの挑戦です。

東大は、二〇一九年から、韓国SKグループのチェ・テウォン会長が理事長を務める学術振興財団Chey Institute for Advanced Studiesと共同で「東京フォーラム」という国際会議を毎年行っています。研究者、政策決定者、経営者や実業家、ＮＧＯ指導者など多様な識者が世界各地から一堂に会し、議論する場の必要性を強く感じていたからです。オンライン開催となった東京フォーラム二〇二〇では、「人新世におけるグローバル・コモンズの管理責任（Global Commons Stewardship in the Anthropocene）」をテーマに掲げ、地球システムと人類社会の持続可能性についてさまざまな観点から議論がなされました。

そのなかでとても強く印象に残った論点は、「二〇三〇年までに経済活動の抜本的な方向転換ができなければ、人類は地球環境をコントロールするすべを失ってしまう」という環境科学の専門家からの警告でした。残された時間はわずか一〇年足らず、まさに今、すべての人が「自分事」としてできることから始めなければならないのです。一〇年はあっという間です。これまでの一〇年と言えば、日本では東日本大震災からの復興に全力を注いできた期間でした。しかし、この間になし得たことは限られています。よほど大きな切り替えをしなければ、無為に時間だけが過ぎてしまうでしょう。

グローバル・コモンズへの取り組み度を測る国際指標の策定

今、私たちが直面しているのは地球規模の課題であり、その解決には世界中の人間の行動変容が求められます。しかし、そうした課題に対して各国が協調していくメカニズムは極端に弱っています。既存の国連のような仕組みが随所で機能不全に陥っていて、パンデミックに際してさえ、十分に協調することはできません。この状況を打開するにはどうしたらよいのでしょうか。

例えば地球温暖化の問題は、単にカーボンニュートラルを目指そう、と言うだけではもはや解決はできません。自国主義でやっていくしかないと考える国も出てきているなかで、今必要なことは、すべての国が参加せざるを得ないようなフレームワークの構築です。政策転換が可能な項目を、エネルギーなど個別の指標を切り出すのではなく、連関させて統合した枠組みを作る。それこそが、グローバル・コモンズ・センターで目指していることです。

第一歩として国連の持続可能な開発ソリューション・ネットワーク（Sustainable Development Solutions Network：SDSN）やイェール大学と協力して作成しているのが、「グローバル・コモンズ・スチュワードシップ指標（Global Commons Stewardship index：GCSi）」です。これは、地球システムを守るための努力項目について、各国の取り組み状況を科学的な客観的データから総合的に評価する指標です。環境負荷の計測や目標達成度など各国のグローバル・コモンズ保全の取り組み状況を把握する重要な「ものさし」であり、国際的な政策論議のベースになるものです。この指標は、気候システムだけでなく、生物多様性や、土壌、水など、安定的な地球システムを支えるのに必須の「コモンズ」を包括的に捉えます。そうするとコモンズを大きく毀損しているシステムの一つが、食料制度であることがはっきりします。

また、カーボンニュートラルを目指すため、エネルギー分野が重視されていますが、「Take Make Waste」と言われる現在の直線的な経済システムをサーキュラーにすると、必要な炭素削減の四五%が達成されるという推計もあります。地球をコモンズとして守るためには、エネルギー分野だけでなく、食料制度、都市制度、経済のサーキュラー化など、鍵となる経済システムを一斉に変革（トランスフォーメーション）していく必要があります。グローバル・コモンズ・センターが、指標とあわせて導入する「システム・チェンジ・ラボ」は、国境をまたがるマルチステークホルダーの協創によって、鍵となるシステム変革を促進しようとするものです。国連の「持続可能な開発目標（Sustainable Development Goals：SDGs）」も一七の目標すべてが連関しているのですが、相反する部分を調整する機能が備わっていません。グローバル・コモンズ・センターでは、そこを、食料、サーキュラーエコノミー、都市、エネルギーという四つのシステムに絞って変革を促し、GCSiという総合指標によって、個人や企業、国の行動や選んだ政策が地球全体の協調的発展にとってプラスなのかマイナスなのかを評価しようというのです。行動変容に影響する分野をＳＤＧｓの一七から四つに絞ったのは、改善のためのアクションを描きやすくするためです。

地球全体の協調的発展とは、地球が経済規模として大きくなることではなく、守るべきものが適切な形で守られつつ、そこに暮らす人びとがフェアネスを感じられるような社会をつくることです。あるいは、互いへの尊重が高まることによって、より良い方向に進化したと実感できるような社会。そうした社会実現に資するようなことをするかどうかをコモンズである地球システムの健全性から検証するツールがＧＣＳｉであり、機関がグローバル・コモンズ・センターというわけです。

人びとの行動変容を起こすためには、情報、データを活用することが不可欠です。科学的なエビデンスをベースにすることで指標の信頼性や普遍性を高め、信頼性の高い指標を提示することで、地球規模の問題を自分事として一人ひとりの行動変容を促すとともに、制度の整備や運営もやりやすくする。そうした循環をもたらすような指標づくりを目指しています。

そのためには、フィジカル空間における課題解決とサイバー空間におけるデータ管理を一体的に進める必要があります。今や、人びとは日々サイバー空間上の情報を見ながら行動の選択をしています。サイバー空間にある情報にバイアスがかかっていたり、フェイクだらけだったりして荒れ果てていれば、フィジカル空間を守ることはできません。フィジカル空間を守るためにも、サイバー空間を含めてグローバル・コモンズとして守っていきましょう、その目標に貢献することの良さがわかるように指標として示していきましょう、ということなのです。

東京フォーラム二〇二〇では、GCSiのパイロット版を公表するとともに、サイバーとフィジカルのコモンズの一体管理に向けての試み、システム変革を実践するための「システム・チェンジ・ラボ」についても議論しました。これは、東大が議論をリードしてきた、サイバー空間の健全性とグローバル・コモンズとを組み合わせるという新しいフレームワークのお披露目となり、東大が「社会変革を駆動」する具体例として、世界のリーダーたちから高く評価していただきました。

サイバー空間を健全なコモンズにするには

サイバー空間をコモンズとして守っていくとは、具体的にどういうことでしょうか。例えば誰もが安心して使える良質なデータを整備してオープンにするとともに適切に管理すること、誰もがパンデミックについての正しいデータが取れると信頼できるウェブサイトを作ること、為替取引において無用な不安定性を誘起しないような技術開発をすること、あるいは情報格差が発生しないようなシステムを開発すること……これらはコモンズを守るために必要な、良い行動だと言えるでしょう。

菅義偉首相は、二〇二〇年一〇月の所信表明演説において、「二〇五〇年までに脱炭素社会の実現を目指す」と表明しました。しかし、フィジカル空間とサイバー空間をともにグローバル・コモンズとして守る取り組みを急がなければ、そもそも二〇五〇年を迎えることさえできません。デジタルトランスフォーメーションは人びとの生活を便利にする方向の変化ですが、その結果として富める人の暮らしだけがより便利になることで格差が拡大し、気がついたときには全体として地球が破滅しているということにもなりかねません。デジタルトランスフォーメーションを活かして多様な人びとがそれぞれの強みを活かしうるインクルーシブな未来社会を実現するためには、デジタルトランスフォーメーションを誰もが平等に使える技術として練り上げることも必要です。新たなエネルギーをつくるための技術だけでなく、意欲的に行動すれば地球全体の調和を維持するのに役立つと人びとが思えるような社会システムを創っていくことも非常に重要なのです。

まずアカデミアが一歩踏み出すということ

繰り返しになりますが、世界は急速に変化しており、人間の活動が地球システムに及ぼす影響も急激に拡大しています。私はグローバル・コモンズ・センターの設立にあたり、「グローバル・コモンズについて、人類社会が連帯してそれを保全し、未来の世代に引き継ぐための責任ある行動（Global Commons Stewardship）のあり方を科学的に探求し、その実現の道筋を具体的に示しつつ、さまざまな主体による実践の基盤を提供すること」を目指すと宣言するとともに、「このセンターの活動が、現在ひずみが顕在化している資本主義経済に適切な修正を加えるきっかけになることを期待している」と述べました。実に壮大なシナリオであり、最高学府である東大のトップがこのようなことを明言したことは、相当のインパクトをもって受け止められたようです。

GCSiのパイロット版を東京フォーラム二〇二〇で公表したことは、学術機関としてのアクションの第一歩です。指標の完成度はまだ不十分であるものの、ここでの構想が予想を超えて国際的に多くの賛同を得たことは、私にとっても大きな喜びでした。東大が「社会変革を駆動する」と言っている意味、そして具体的にどのような挑戦をしようとしているのかを伝えることはできたのだと、そのとき改めて確認しました。これからも、産官学民の枠や国境を超えてパートナーを増やしながら、立ち止まることなく前進していきたいと考えています。

column 02

GABで育んだ国際的なネットワーク

二〇二〇年一一月一二日と一三日の二日に分けてオンラインでUTokyo Global Advisory Board（GAB）Meetingを開催しました。GABは小宮山宏元総長のもと、二〇〇六年に始まったプレジデンツ・カウンシル（PC）を発展させたものです。東大の応援団を世界に拡げることを目的としていたPCは私の総長就任後、一回の休会を経て、二〇一六年に最終回を開催。翌一七年、総長室の正式な組織として規則に定め、グローバルな視点で議論し、助言を頂く年次開催の会合としてGABを開始しました。

第一回では、ジェンダーの話題が議論されました。東大の女子学生比率の低さは、世界の〝普通〟からみると、不健康だ、放置すべきではないというのです。数値目標の要否の議論は白熱しました。第二回では、二〇一九年にスタートすべく準備を進めていた、東京カレッジの構想について議論いただきました。名前をどうするかで盛り上がり、東京カレッジという名称に至りました。第三回では、グローバル・コモンズ・センターの設立につながる有意義な助言を沢山いただきました。

今年の第四回は、私の総長任期の終了にあわせ、GABも最終回として開催しました。メンバーの皆さんからは、GABでアドバイスしたことが、東京カレッジ、東京フォーラム、グローバル・コモンズ・センターのように次々に実現していることが素晴らしいと評価していただきました。オンラインでの開催となり、直接お目にかかれなかったのは残念でしたが、画面にメンバーの顔が映った瞬間、旧知の友人らと会ったような感覚を覚えました。メンバーの皆さんも同じように感じてくださったようです。回を重ね、真剣な議論を交わしたメンバーとの間の連帯感のようなものを実感しました。GABを通じて、東京大学を支援する国際的なネットワークが構築されたのです。

二〇二〇年一月にダボス会議に参加するためにスイスに出張した際に、GABメンバーのビル・エモットさんの勧めで、ロンドンに立ち寄りました。エモットさんのアレンジで、英国の教育界の方々との意見交換や、ジャパンソサエティでの講演を行いました。総長として進めてきた東大改革について、海外からどのように見えるのかを知る大変貴重な機会となりました。

分断が加速している今の国際社会において、普遍的な価値を追求するアカデミアの活動は、分断を乗り越え世界を繋ぐ力を生み出すものです。その役割は今後いっそう重要になっていくでしょう。

「学内広報」一五四一号（二〇二〇年一一月二一日）掲載

第4章
世界の未来を創造する

第2章で、産業界との組織対組織の連携「産学協創」について述べました。最初はお互いに手さぐりで始まりましたが、事例を重ねるなかで、さまざまな連携の形が見えてきました。本章では、特徴的な事例を三つ紹介し、今後の東大と産業界との関係性について考えたいと思います。

I．産業の未来を拓く——東京大学・TSMC半導体アライアンス

ゲームチェンジを迎えた半導体産業

時代は「モノ」が中核をなすビジネスから、データを活用したデータ駆動型のビジネスへと急速に変化してきています。そこで再び大きな注目を集めているの

が、半導体です。

昨今、ＩｏＴ（Internet of Things）と言われるように、あらゆるものがネットワークでつながり始めています。さまざまなものにセンサーが搭載され、それらのセンサーが受け取ったデータがインターネットを通じて蓄積され、活用される。なかには、全く人を介さないものもあります。日本列島全体がデジタルの網の目でつながっていくのです。現在普及が拡大しつつある５Ｇの活用により、この傾向はさらに進んでいくでしょう。低遅延や多数同時接続といった５Ｇの特性を最大活用するポスト５Ｇ、さらにその先の、次世代の通信インフラとなるビヨンド５Ｇ（いわゆる６Ｇ）に向けた研究開発も始まっています。デジタル革新は、日々膨大に積み上がるデジタルデータを集めるだけでなく、それをＡＩで分析してサービスやソリューションに変える技術がさまざまな分野に広がってきています。そうしたさなかに突如パンデミックが襲来したことで、私たちの社会におけるデジタル革新はさらに急速に進むことになりました。こうしたデジタル革新の基盤を担うセンサーやネットワーク機器一つひとつのすべてに半導体チップが使われているのです。

デジタル革新自体は、社会にとって有益なものです。障がいのある人もない人も、都会にいても地方にいても平等にリモートワークで社会参加が可能になるとか、個人の多様性に合わせたテーラーメイド医療が行えるなど、個々の違いに応じた対応ができるようになるからです。しかし問題もあります。デジタルを活用すればするほどセンサーやネットワーク機器が増え、ますますエネルギーを消費するようになるのです。データはどんどん増大し、サーバーの電力消費量は増大するし、ＡＩも複雑な計算をするようになる。これらの相乗効果で、すでに総電力消費量はうなぎのぼりです。省エネ対策が施されなければ、ＩＴ機器だけで二〇三〇年には現在の総消費電力の二倍の電力を、二〇五〇年には二〇〇倍を使うという試算もあるほどです。Society 5.0 が前提とするデジタルトランスフォーメーションが莫大なエネルギーを使わざるを得ず、地球環境破壊につながってしまうのだとしたら、進むべき方向として採用するわけにはいきません。これを克服するためには、関係機器の省消費電力化に向けてテクノロジーが進化する必要があります。

その鍵を握るのが、半導体技術です。

半導体は大きく二種類、計算するもの（ロジック半導体）と記憶するもの（メモリ）に分けられます。ＡＩや通信における計算に使われるのは、ロジック半導体です。この分野では、ここ二〇～三〇年間で、世界的な水平分業が進みました。

半導体のビジネスモデルには、垂直統合と水平分業という二つの手法があります。これまでは設計から製造までを一貫して一つの会社ですりあわせながら丁寧に作る垂直統合の方法が、とくにメモリに携わる人たちの間で一般的でした。東芝も日立もＮＥＣも、かつての日本の半導体企業はみんな垂直統合を採用していました。

一方、水平分業とは、特定の工程を担う複数の企業が一体化して生産する手法で、ロジック半導体生産の先駆者、ＴＳＭＣ（Taiwan Semiconductor Manufacturing Company）が採用したことで知られています。ＴＳＭＣはそれまでの常識だった垂直統合モデルを壊し、製造だけに特化しました。そうすることで世界中の半導体設計情報がすべて自分たちの工場に集まってくる「国際水平分業」を目指したわけです。これが大成功し、ここ一〇年間で、ＴＳＭＣの株式時価総額は、四・五兆円から四五兆円へと一〇倍に跳ね上がっています。プロセッサの王者、インテルでさえ二〇兆円強、トヨタ自動車が二三兆円ですから、膨大な額です。メガファウンドリとなったＴＳＭＣに投資が集まっている証拠であり、世界はここに未来を見出していると言えるのです。

半導体チップは汎用と専用、大きく二種類に分けられます。例えば、インテルのプロセッサやサムスンのメモリが汎用チップにあたります。さまざまな人がさまざまな異なる用途に使えるものです。約七〇年前、数学者フォン・ノイマンは、プロセッサとメモリさえあれば、あらゆることができると提唱しました。これが現在のコンピュータの基本設計、フォン・ノイマン・アーキテクチャです。

ただし、「なんでもできる」というのは、必ずしも一番上手にできるということではありません。すなわち、しなくてもいい機能までたくさん入っているということであり、それらの回路が常に動くので、エネルギーの無駄が多いのです。やりたい用途がはっきりしている場合は、専用のチップを作ったほうが無駄は省けます。上手に設計すれば、エネルギー消費は汎用チップの一〇分の一で済むほどです。

ＧＡＦＡが今、あらゆるデータを一か所に集め、計算・記憶を行うための計算機の専用チップを独自に開発し始めた狙いはそこにあります。インテルやサムスンから買うチップを組み合わせた汎用チップでは、電気代が膨大になってしまうし、環境破壊にもつながります。その問題を専用チップで解決しようというのです。今、チップの専用化に向けた大きなゲームチェンジが起こっているのです。

ＧＡＦＡが自前の専用チップを作るためには、工場が必要です。彼らがあてにしているのが、国際水平分業型のＴＳＭＣです。最先端の半導体技術は、ＴＳＭＣなどのメガファウンドリが独占しており、ＴＳＭＣにチップ製作を依頼できるかどうかは、デジタル革新を担う企業にとって極めて重要な問題です。自動運転車やロボットを作りたい人、工場をオートメーション化したい人、スマートシティを作りたい人、データ駆動型の医療やヘルスケアを実現したい人にとって、最先端チップを製造してくれるＴＳＭＣの存在は非常に大きいのです。ＴＳＭＣには世界各地から大量の注文が殺到しており、今後の産業の鍵を握る世界の中心、非常に重要な会社になっています。ニーズが巨大なため、製造を依頼しても、小ロットでは受けてもらえないという状況になっているのです。

日本の半導体業界を救う手立てとしてのゲートウェイ構想

半導体産業は初期の設備投資に要する費用が大きいため、プロセッサやメモリをたくさん売った人が利益を得る薄利多売の構造になっています。経済全体でみると、半導体自体から得る利益以上のリターンがあるのも、この産業の特徴です。現在、日本の半導体の生産額自体は八・五兆円程度。ＧＤＰの一・五％ほどを占めますが、実はその何倍もの影響があります。チップ洗浄に必要となる純度の高い水や、チップの回路パターンを印刷するときに不可欠であるレジストという化合物などさまざまな先進素材が必要で、かかわる業種も多種多様なため、システム全体、あるいはサプライチェーンまで含めば半導体単体の二～三倍、二〇兆円もの規模になるのです。六〇兆円と言われる自動車産業よりは小さいものの、収益性は自動車よりも高く、さまざまな分野で利用されるため、半導体は「産業の米」とも言われています。半導体不足で自動車製造が遅れるという最近の報道も、この事実を裏打ちするものです。

このように産業界全体への影響が多大な半導体産業には、アメリカ、中国が現在数十兆円の投資をしています。少し前まで、世界で一位の半導体工場といえば、台湾のＴＳＭＣ、二位が韓国のサムスン、三位がアメリカのインテルでした。インテルはその後、最先端技術の導入がうまくいかず、足踏みしたため、今はＴＳＭＣとサムスンが寡占している状況です。その二か所に世界の半導体が完全に集中して、ホットスポットになってしまったため、地政学的にはリスクが高まっているという指摘もあります。いずれも中国の隣国であり、アメリカの資本がかなり入っている。貿易摩擦の最先端です。半導体の国際的サプライチェーンにも、取引先を制限するよう圧力をかけたり、膨大な補助金などの優遇策で自国に呼び寄せたりする動きがあり、先鋭的な二極分化が進んでいる状況です。

一方、ここ二〇~三〇年間、日本の半導体産業はずっと凋落の道をたどっています。そのきっかけは、一九八〇年代の日米半導体摩擦です。当時、日本は世界シェア一位、アメリカを完全に打ち負かしていました。この状況を不服としたアメリカが政府間協議で日本にとって非常に不利な半導体協定を結ばせました。これが引き金となり、日本の半導体産業は右肩下がりに落ちていくことになったのです。気がつけば、日本は半導体製造産業のほとんどを失ってしまいました。ロジック半導体は、国際分業が進んだ結果、年間数兆円の設備投資が行われるほど熾烈な資本競争の舞台となりました。財閥のある韓国や、経済体制の異なる中国、リスクマネー投資を恐れないアメリカとの資本競争に日本は勝つことができず、結局、一〇年ほど前、製造から撤退することになってしまったのです。

日本はメモリやプロセッサといった最終製品の製造では負けてしまいましたが、これらを作るための素材や製造装置の分野では依然として圧倒的な優位性を維持しています。例えば、半導体の素材では世界市場の六五％のシェアを誇っています。それは、東芝や日立といった垂直統合型の会社がたくさん関連会社、いわゆる下請けを作ったからです。関連会社が作られたことにより、半導体産業の中間層が非常に厚くなりました。町工場のレベルに至るまで、世界に通じる技術を持っているのです。ＴＳＭＣなどからすれば、こうした産業基盤は喉から手が出るほどほしい存在です。しかし、これらの人や工場は地域に根差していますから、大資本をもってしても簡単に動かせるものではありません。日本のメリットはそこにあると考えています。日本はロジック半導体の製造が苦手で、英語の問題で世界進出も下手でした。一方、メモリは使い方が単純ですし、安く高品質のものを作ることは得意でしたから、一九八〇年代に世界一位になり、そのときの資産が今でも残っているのです。

半導体は「ネジ、釘、部品のビジネス」と言われています。部品としての第二次産業的、資本集約的な発想が根強いために、知識集約型社会に転換してきているのに、「もはやネジや釘は儲からないからやめよう」「こんな危ないビジネスをいつまでも続けていてはいけない」と半導体を諦める方向に舵を切ってしまったのです。その代わりにデジタルを活用したサービスに特化しようと、ファクトリーオートメーションやスマートシティのほうに向き始めたのですが、結局それらのサービスも、使う半導体の能力によって大きな差が出ることがわかってきました。ではその半導体はどうするのか。海外から買えばいいという意見もあるでしょうが、地政学的リスクが高まっている今、外国から安定的に半導体を購入できる状況がずっと続く保証はありません。アメリカは他国に対しても自国技術を含む技術の規制を行っていますから、例えば中国から安い半導体を買うことが近い将来不可能になる事態は十分に想定されます。それに、製造装置などは国内に市場がなくなれば、海外に出て行かざるを得なくなり、せっかく強かった国内の産業が空洞化してしまいます。

日本には半導体全盛期の産業構造自体はまだ温存されています。センサーを開発したり、それらを使った家電製品を設計したりできる人材は残っているのに、最先端半導体を製作できる基盤が国内に存在せず、自前で半導体が試作できないというジレンマを日本はここ五〜六年、抱えているのです。汎用チップから専用チップへのゲームチェンジと半導体技術の高度化が進むなか、試作なしに製品化することはもはや不可能です。せっかくの技術も日本にいては発揮できないと、多くの技術者が台湾や中国、韓国の産業界に流出するという問題も起きました。このままでは、日本の技術者の未来は失われてしまうでしょう。

このことに危機感を感じた東大は、道を開くべく二〇一九年末、一つの挑戦を行いました。ＴＳＭＣとの連携によるゲートウェイ構想、「東京大学・ＴＳＭＣ半導体アライアンス」の締結です。最先端半導体チップの試作製造をＴＳＭＣと共同で行うことで、東大がゲートウェイの役割を果たし、日本の産業界からも試作製造に参加できるチャンスを作ろうというのです。これは従来の産学連携とは全く違うモデルです。

半導体技術の高度化に伴い、製造実務においても最先端の学理が必要になってきています。ＴＳＭＣは東大の先端技術における基礎研究に高い信頼を置いていて、頼りたい気持ちがあるわけです。台湾も基礎研究が大事なことはわかっています。しかし必要とされる物性物理学などの分野で、東大には一日の長があります。東大としては大学の持つ英知を使えば、効率的なサービスを提供するハードウェア設計を加速させることができるとの確信があります。これだけでもウィンウィンの関係が成り立ちますが、さらにＴＳＭＣとしては、東大が日本の産業界を束ねてくれれば、個別の日本企業にあたるよりずっと効率がいいし、東大としてはそのことで日本の産業界にチャンスを拓くことができるというメリットもある。ＴＳＭＣで試作製造できることは企業にとって大きなメリットになりますので、東大はその対価をいただき、責任を持ってゲートウェイとしての役割を担うと同時に、半導体関連分野を含め、幅広く大学の役割を果たすために必要な投資にも活用します。このゲートウェイ構想は、大学による産業界との新しいかかわり方のモデルにもなると思います。

世界の発展のための学術交流

東大と台湾の間には、長年の交流によるアカデミックな人脈が生きています。国立台湾大学には、旧帝大時代からの東大の歴史が丁寧に書かれた本が大切に置かれているほどです。また、ＴＳＭＣの創業者、モリス・チャン氏は東大の

Global Advisory Boardの委員を、その前身のプレジデンツ・カウンシル時代からお務めいただきました。そうしたご縁もあり、私が台湾出張の際、チャン氏にご挨拶し、あわせてＴＳＭＣを訪問したことが、今回のゲートウェイ構想の直接のきっかけとなりました。

チャン氏は、自分はもう引退したからと後任のマーク・リュウ会長に会うことを勧めてくださいました。ＴＳＭＣ本社を訪問し、リュウ氏と、スタンフォード大学の教授でＴＳＭＣのＲ＆Ｄトップを兼任するフィリップ・ウォン氏にお会いしました。実はウォン氏は、東大教授の黒田忠広先生と一緒に、この分野で最高とされる、半導体デバイス技術と半導体回路技術に関する最先端の研究成果を披露する国際学会「ＶＬＳＩシンポジウム（VLSI Symposia）」の共同議長を務めていました。ＶＬＳＩシンポは八〇年代に日米半導体摩擦が起きたとき、東大とアメリカの大学の先生たちで始めた学会です。政治に解決できない問題が起きることはあるが、学術や人材の交流は世界の発展のために重要であり、政治が解決できないときこそ日米が手を取り合ってやっていこうとの精神で始まったものだそうです。その会議を引き継いでいるのが、この二人だったというのは、すごいご縁です。

二〇一九年末に東大がＴＳＭＣとの連携を実現できたのは、私が物理学の研究者であり、海外の研究者仲間たちとのつながりで今後の技術動向を把握していたことも大きかったと思います。通常の政治外交ルートや産業界ルートでは入ってこない情報が入るという意味で、大学を介した国際アライアンスは極めて重要です。

産業の未来を拓くアライアンス

日本はせっかく世界に先駆けて Society 5.0 を提唱したのに、その基盤を担う先端半導体を自前で作れないという最悪のシナリオに陥りかけています。日本の半導体周辺産業の強みを生かせるうちに巻き返しを図るには、ＴＳＭＣとの連携は不可欠でした。

ＴＳＭＣ側にとっても、日本市場は非常に重要です。最先端技術はまず日本市場で咀嚼されるからです。日本には目の厳しいユーザーが多く、中途半端なものを作っても売れませんが、日本で売れれば世界で売れるとわかっているのです。日本はそうした意味でも重要な市場だったのですが、半導体産業が衰退するとともに、半導体関連投資が減ってきていました。

台湾にとって日本は心理的にも近しい国で、シンパシーもあります。地政学的にも中間緩衝地帯ですし、しっかりした中小企業が厚い層をなす、堅固なエコシステムもある。TSMCはブラウンフィールドと言って、エコシステムが形成され、顧客のいるところにしか進出しないのですが、日本にはその条件が整っています。台湾は地震が多いし、地政学的条件も考えると、すべての工場を国内に持つのはリスクが高すぎます。その意味でも、日本は非常に魅力的な投資先であるはずです。

半導体は大きな初期投資が必要なため、迷わずどんどんチップを作っていかないと利益にならない薄利多売ビジネスです。そのため、本来は顧客の求める専用チップを少量作るだけでは成り立たないはずですが、八〇〜九〇年代にかけて、それが成功した時期がありました。アメリカのUCバークレーがコンピュータを使って設計効率を上げるイノベーションを起こしたからです。採算ラインが下がったことで顧客が増え、市場も広がって繁盛したことがありました。ところがこれは一五年ほどで潰れてしまいました。半導体の中に千倍のトランジスタが集積できるようになり、設計が千倍難しくなったのです。画期的だったイノベーションが、わずか一五年でムーアの法則（半導体上のトランジスタ数は一八カ月ごとに倍になるという経験則。一五年で一〇二四倍になる）に負けてしまいました。

しかし、今また、それが始まろうとしているのです。エネルギー効率を上げるために、専用チップの需要が上がったからです。時代は汎用チップから専用チップに移りつつあります。インテルの代わりに、GAFAが進出してきているのもその証拠です。専用チップの時代に必要なのは、コンピュータで素早く上手に作ること。TSMCが従来やってきたような、寸法をとことん微細化するという半導体開発の王道手段は、限界に近づいています。それはつまり、物理、化学、材料といった広範な学術を活用する必要が出てきたということであり、大学の出番がきているということなのです。TSMCは、その最初の場所としてバークレーではなく、東大を選んでくれました。

コンピュータ設計技術のレベルはアメリカのほうが高いので、東大は違ったアプローチが必要です。そこで、工学系研究科附属システムデザイン研究センター(d.lab)を新たに設置し、東大の得意とする材料や物理、化学の分野で「掛け算」をしようと考えています。技術的には集積レベルを2次元から3次元に変える、平屋建てだったところにタワーマンションを建てるイメージです。単に同じものを重ねればいいというわけではないので、コンピュータの設計力だけではダメで、各分野の最先端の学知を動員する必要がある。そちらでなら東大の特長を活かせます。

d.labでは、産学連携で設計したチップをTSMCの先進プロセスで試作するとともに、最先端の半導体技術を産業界と共同で研究します。d.labには、データを起点に、ソフトからデバイスまで一貫してデザインする領域特化型のシステムを研究できる体制を整えました。チップ設計の工程には、ＴＳＭＣのオープン・イノベーション・プラットフォーム®Virtual Design Environment（ＶＤＥ）を採用しています。一方、ＴＳＭＣは、複数のプロジェクトを一枚のウェハーにまとめた先進的なプロセスであるCyberShuttle®試作サービスを使って、d.labのチップ試作を行います。

これは、システムのアイデアを持つ人なら誰でもエネルギー効率の高い専用チップを即座に手にすることができるよう、産業界とも深く連携しながら、設計および製造のプラットフォームを創出するという、ゲートウェイです。企業に呼びかけるときのアピールポイントは、「ＴＳＭＣの最先端技術にアクセスできる」ということと、「五〇億円、二年もかかる開発リスクを軽減する技術研究を一緒にやりましょう」ということ。これらが評価されています。ＴＳＭＣに近づけるのなら一緒にやりたいと言ってくださる日本の素材製造装置メーカーはたくさんいますし、ＴＳＭＣ側としても、デジタル革新を担う日本の会社は非常に重要な顧客になるため、つなげてくれる東大への期待は大きくなります。このゲートウェイは双方向に機能するのです。

半導体プロセスを進化させ、さらにその先の未来の半導体を切り拓いていくためには、従来のシリコンテクノロジーの枠を超えた新しい材料・物理・化学の学知が欠かせません。ＴＳＭＣの技術者と東大の研究者が、これからの半導体がどうなっていくかというビジョンや、予測される諸課題を共有するとともに、どんな分野で共同研究をしていくべきか、すでに深い議論も行われています。

オープン戦略としての d.lab 協賛事業とクローズ戦略としての RaaS

そうした議論の場として、東大はオープンな場とクローズの場の両方を用意しました。d.lab では、広範囲に学術連携、社会連携を議論する場として「協賛事業」という枠組みを用意しました。共同研究のようなプロジェクトに対するお金でも、寄付でもなく、中間的な協賛金をいただきます。そのなかで、無形の知を社会的価値に変えていく努力を、持続可能な社会実現のために社会全体が連携して実現することを目指しています。大学の持つ知的資産を日本社会の成長に役立てることで経営資源にするという、大学にしかできない新しい仕組みで、私の考えている大学の機能拡張のまさに典型例です。

半導体のユーザーは実に多岐にわたるため、半導体業界の他にもさまざまな領域の方に入っていただける可能性があり、連携の幅を広げられると期待しています。半導体業界はもともとは、みんなで足並みを揃えて一〇年後に向かって進んでいきましょうという業界ですが、さまざまな構造転換が進み、現在は確固としたロードマップがまだ描かれていません。皆さん心配なので、アンテナを高くしてキョロキョロ見回っている状況です。そういう方たちに集まってもらい、みんなで未来を議論しましょう、と呼びかけているのです。その際、私たち大学は触媒的な役割を果たしながら、新しい情報をどんどん提供していく。参加する企業は自分たちのやるべきこと、未来が見えたら、d.lab や他の分野の東大教員と共同研究するなり、協賛会員同士で連携して開発を始めるなりしていただく。そういう場を作ることも目的の一つです。「社会課題の解決にどう取り組むか、そのディスカッションから共に始めるというのは、企業が事業目標を作る際のプロセスと同じです。そこに大いに期待しています」と言ってくださった大手企業の会長もいました。

産業界の方々は、オープンな場でみんなと議論もしたいけれど、実際の投資においてはクローズな場で徹底した情報管理を行いたいとも考えています。大学と共同で生み出した技術が世界に拡散してしまっては困るというのは、企業側からすれば当然の要求です。そこで二〇二〇年夏に凸版印刷、パナソニック、日立製作所、ミライズテクノロジーズと共同で立ち上げたのが、「先端システム技術研究組合（RaaS）」です。最先端の半導体を製品として売るのではなく、誰もが活用できるサービスとして提供する。RaaSは技術研究組合という仕組みを活用し、企業が資金を、大学が知恵を持ち寄り、クローズな場でそのための技術を研究開発する団体です。ここで生まれた技術を株式会社化して事業化することも可能ですから、大学の知恵を「出資」して価値化する枠組みとして活用できるのです。メンバーになることでメリットが得られるという条件のもとで組織体を維持しながら、技術革新を共に目指す。東大が中核となって産業界をまとめ上げ、技術研究組合を作ったのはこれが初めてで、東大が社会変革を駆動している一例といえるでしょう。

d.labのようなオープン戦略と、RaaSのようなクローズ戦略は車の両輪です。両方がなければうまくいきませんし、両方があることでそれぞれをやる意義が深くなります。企業の経営者は、どうしても株主への説明を気にして、短期利益を追求しがちですが、民間企業ももっとアカデミアを中長期の戦略に活用すれば良いのです。中長期的な視点があったからこそＴＳＭＣと東大の関係は生まれたし、私たちのゲートウェイに期待する日本企業が集まってきているのではないでしょうか。

d.labもRaaSも、根本にある思想は同じです。ハイテクは人類全体のコモンズであり、政治が解決できないときにも、みんながつながって必要なことを前に進めようという精神で設立されている。それこそが学問の果たすべき役割だと私は考えています。社会・産業・技術はいま、大きく転換しています。デジタルソリューションには専用チップが重要だという再認識が進み、社会における半導体の必要性が急上昇する一方で、地政学的リスクが高まり、状況は難しくなっている。いまこそエネルギー効率を上げ、開発効率を向上させることが重要であり、そのためには大学を大いに活用すべきである。そうした議論をウォン氏たちとも重ねながら、力を合わせて作った仕組みが、d.lab と RaaS なのです。

とはいえ、この仕組みはまだ歩き出したばかりです。最初から十分に哲学や計画を練り上げ、一〇〇パーセントの自信を持って船出したわけではありません。進みながら、変えていく必要があるでしょう。さらに、こうした仕組みは学知や信頼の蓄積がある東大だからできることであり、今後もそうした価値を見出していただけるよう、東大自身が進化を続けていかなければなりません。

せっかく東大で教育を受け、共に研究をしてきた卒業生たちが、企業のなかで自らのポテンシャルを全く発揮できずにいるのを見るのは、本当に忸怩たる思いがします。技術はあっても、世の中が見てくれない。この状況を打開するのが、今回私たちが仕掛けた、まったく新しい産学協創事業なのです。凪のない平らな海面で沈没しかけていた船を動かすには、風を吹かせるしかありません。風があれば帆を立てることができ、帆を立てれば船は加速できる。スピードさえ出れば、舵を切ることもできる。d.lab と RaaS の組み合わせで、日本、そして世界の半導体業界に新しい風を吹かせていきたいと考えています。

2．未来の教育と人材育成――東アジア藝文書院

設立の背後にあった日中の友情

グローバル化が進み、ますます一体となりつつある現代世界で、予測できない未来に対応するためには、近代以降私たちが培ってきた知識基盤だけでは足りないことは明らかです。ヨーロッパを中心とした世界史像や国家を中心にした世界観など、これまで広く受け入れられている普遍概念から一旦離れ、私たちがいる東アジアに足場を置いて、新たに世界を捉え直し、それを体系化して、発信していく必要があります。

そこで、アジア地域の一員である日本の大学として、まずはアジアの共通の未来を担う人材の育成を目指そうと思い、立ち上げたのが、東大と北京大学が共同

で運営するジョイント研究・教育プログラム「東アジア藝文書院（East Asian Academy for New Liberal Arts：ＥＡＡ）」です。

設立の直接のきっかけは、二〇一八年、北京大学の前学長・林建華先生より「東大とは特別の関係を築きたい」という強いメッセージをいただいたことなのですが、この背景にもやはり研究者同士の交流の歴史がありました。もともと、北京大学の張旭東先生と現ＥＡＡ院長の中島隆博先生との間に長年交友関係があり、その縁で二〇一〇年に「共生のための国際哲学研究センター（ＵＴＣＰ）」長（当時）の小林康夫先生、中島先生、現ＥＡＡ副院長の石井剛先生が北京大学を訪問しました。その際、ちょうど北京大学で同様のセンター「国際批評理論研究センター」を立ち上げようとしていた張先生と意気投合して研究交流が始まりました。そして、二〇一八年の林先生からのメッセージにつながったのです。ここでもまた、一〇年以上にわたる研究交流で育まれた研究者同士の友情の上に、両大学の学長と総長が目指す大学像が合致し、協働プログラム設立という形で結実したのです。

私はそのようなプラットフォームの構築にはグローバルに活躍している企業との協創が重要だと考え、ダイキン工業を紹介しました。ダイキン工業は東大と産学協創を進めているパートナーですが、はやくから中国現地に入り、ビジネスを積み上げてきた実績があります。二〇一八年九月に行った北京大学と東大のジョイントプログラム計画の実務者会議には、ダイキン工業の中国現地法人の方々にも入っていただき、協議を重ねた結果、一二月にダイキン工業と東大の産学協創が決定すると同時にEAA設立の準備が始まったのです。

目指すは東アジア発のリベラルアーツ

EAAは「東アジア研究」を掲げていますが、設立時から、東アジアはベースに過ぎないというのが北京大学と東大双方のコンセンサスでした。東アジア研究を一つの土台として、幅広い対象へと研究を発展させ、共に新たな「普遍」を探究していこうという意識を最初から共有していたのです。なかでも関心があったのは、教育・研究の両面で専門にとらわれず、より大きな視点に立つ学術としての「リベラルアーツ」でした。EAAは、東アジア発のリベラルアーツを創ろう、というコンセプトで始まったのです。英語名がEast Asian Academy for New Liberal Artsとなったのも、そういうわけです。

「藝文」という古めかしい言葉は、中国の歴史書『漢書』にちなんでいます。『漢書』は、後漢の班固が編集した、前漢までの中国の歴史を記した歴史書ですが、その一部に「藝文志」という東アジア最古の文献総目録が含まれています。ここでは、文系・理系にかかわらず、あらゆる学問がシステマティックに統合された形で記されています。私たちが既存の枠組みを超えて新たに普遍的な学問を目指そうとする意欲を込めて、「藝文」の言葉をとることにしました。

近代以降、各々の学問分野でディシプリンが深みに到達してきています。それらを突破しなくてはならない時を迎えている今、ＥＡＡはその足がかりをつくろうという大きな意気込みを持って設立されたのです。

研究者ネットワークの整備と文献を通した学び合い

ＥＡＡのミッションは、大きく分けて三つあります。

ひとつは研究です。東アジアから普遍を拓くという趣旨に賛同する研究者の国際的なネットワークを作りたいと考えています。北京大学はもちろん、ニューヨーク大学やオーストラリア国立大学、ボン大学など、ネットワークはすでに世界各地へと広がってきています。

もうひとつは教育です。二〇二〇年度より、教養学部に新たに「東アジア教養学」というサブプログラムを立ち上げました。このプログラムでは、従来の取り組みをさらに発展させ、東西の古典を読みながら解釈の違いをお互いに体験し、共に学ぶことによって精神的・身体的に成長できるような場を創ろうとしています。それこそが本来の「書院」であり、ＥＡＡはそれを国際的規模で実現したのです。

意欲のある学生が伸びる場をつくる

「東アジア教養学」プログラムでは、複数名の教員と、学部学生・大学院学生が共にさまざまな文献を読みます。取り上げるのは、プラトンやルソー、マックス・ウェーバーからハイデガー、魯迅、さらには大江健三郎やアガンベンといった現代の文献までさまざまです。常に何かの文献を共有し、皆で読んだうえで議論を始めます。世界の最先端の研究者と学生を直接つなげ、学生には思い切りぶつかってみなさいと背中を押してあげたいのです。これからの伸びしろが大きい学生たちのポテンシャルを十分に活かせるようなプラットフォームをいかに作れるか。そこが今問われています。

現在、「東アジア教養学」プログラムの年間定員は一〇名、北京大学側からも一〇名が参加しています。普段は別々に動いていますが、交換留学やサマー・インスティテュートなどで会う機会も用意しています。二〇二〇年度は、新型コロナウイルス感染症の影響で海外留学がすべてキャンセルになってしまいましたが、「東アジア教養学」プログラムの授業はオンラインで続けています。オンラインで効果的な交流が可能なのか迷う部分もありました。実施してみると、学生たちはオンラインになっても自由に交流をしていますし、この経験はコロナ禍収束後の人間関係の礎になることは間違いないと感じています。

小さな歩みの積み重ねが何かを変える

ＥＡＡが置かれている教養学部は、学部一・二年生の教育を担う場所であり、多様な専門分野の研究者がひしめき合っています。実は教養学部では、これまでにも外国語を集中的に強化するための「トライリンガル・プログラム（ＴＬＰ）」や、東大教養学部、北京大学の元培学院、ソウル大学の自由専攻学部という各大学のリベラルアーツ学部による交流プログラム「キャンパス・アジア」などを進めてきました。北京大学、ソウル大学との三者交流の発端は、一九九九年に始まった、ベトナム国家大学ハノイ校を含めた四大学によるフォーラム「ＢＥＳＥＴＯＨＡ」です。当時、実は中国にも韓国にも、リベラルアーツ学部は存在しませんでした。それが二〇〇〇年代に入って各大学でリベラルアーツ学部が誕生し、東大を凌ぐ成長を見せるようになりました。そこで一緒になって東アジアに向けてリベラルアーツを発信しようということで、三大学で「キャンパス・アジア」プログラムを始めたのです。

ＥＡＡができるまでに、東大には二〇年以上にわたり試みられてきたさまざまな国際交流の歴史がありました。また、大きく展開していくプログラムの基礎には、高いレベルでの学問の蓄積があります。そうした蓄積は、国を超えた研究者同士の深い信頼関係によって築かれてきたものです。国際情勢が不安定な中でも、みんなが全く変わることなく、同じように研究会を開けるのは素晴らしいことです。多様な立場から「普遍」を求める大学にこそ、世界平和への貢献ができるのだと、心から思います。

私たちの行う一つひとつの取り組みは微々たるものですが、携わるのはとても楽しいものです。北京大学の先生と東大の先生の間の会話に学生が割り込んでくるような授業もあり、理想や理念を超えて、日々学生と一緒にやっていく、その積み重ねが何かを変えていく気がしています。第一線の研究者が本音で議論する様子を見聞きしながら、そこに自らが加わっていくという経験は、学生にとっても刺激的で大きな財産になるでしょうし、そこで得られる教育効果は計り知れません。そうしたことの積み重ねは、確実に何かを変えていくと思うのです。

社会を動かす企業と連携するということ

先ほどお話ししたＥＡＡの三本柱の三つ目は、社会連携です。

当初、人文系の研究者たちは、どのように産学協創にかかわっていけるのか、イメージが湧いていなかったと思います。しかし、二〇一九年以来、ダイキン工業が企画するグローバルインターンシップにかかわるなかで、企業と大学がお互いにコミットすることで、お互いが変わっていくような新しい文化が出来上がることを実感し、人文系の研究者もそこに寄与できるのではないかとの意識が芽生えてきました。

例えば、ダイキン工業の社員たちと理念や思想的なアイデアを共有するラウンドテーブルを開催しています。今年はダイキン工業の社員をお呼びして、國分功一郎先生や武田将明先生、伊達聖伸先生などとのリーディングセミナーを五回行いました。小さいながら、人文的な態度をお互いに学んでいこうという試みです。今後は東大の学生にも入ってもらいながら、文系における産学協創の形を育てていけたらと考えています。

ダイキン工業は、世界的にも影響力のある大企業です。共にプロジェクトを進めるなかで、現場の第一線で働く社員の方たちは、自社の抱える問題と目指すべき方向との間で葛藤していることがわかってきました。より多くのお客様に受け入れていただくために、製品はより安く作りたい。でも同時に、昨今の社会情勢を考えると、省エネにも努めてＳＤＧｓに適った製品にもしたい。これまで、顧客のニーズと社会の要請の両方を常に突き詰めてきたが、本当にこのやり方でいいのか。徹底的なコスト削減を続けて利潤を追求してきたけれど、それがもう頭打ちに来ている。彼らはそう感じているし、ものの「価値」についてここで一度立ち止まって考え直さなくてはならないとも直感しています。私たちはそこに切り込んで、自分たちが望む価値とは一体何なのかを、共に考えようとしているのです。

「倫理的な消費」とは、どうすれば実現するのか。ＳＤＧｓをいくらメーカーが考慮しても、消費者に気候変動問題への取り組みを実感してもらうことなど、本当にできるのか。彼らが考えているのは、一つひとつが非常に大きな問題であり、私たちにもすぐに答えは出せるものではありません。でも、大学で私たちと共に問題を共有しながら考えていくことで、少なくとも問いはひらかれていく。そのこと自体が非常に貴重なのではないかと感じています。それこそが協創の真の狙いなのです。

教育と研究、そして社会連携の三本柱を据えた点が、この産学協創プロジェクトの大きな特徴です。国内では稀に見る資金規模の産学協創ですから、このプロジェクトをいっそう発展させていけるよう、今後も大学として前向きに取り組んでいきたいと考えています。

3. 未来の技術を創造する ——IBMとの量子コンピュータ連携

知識集約型社会への変革が人類にとってより良い社会をもたらすには、安倍晋三前首相が二〇一九年一月の世界経済フォーラム年次総会（ダボス会議）で提唱した、「信頼性のある自由なデータ流通（Data Free Flow with Trust：DFFT）」を実現し、実空間とサイバー空間が高度に結合したグローバル・コモンズを持続可能かつ信頼できるものとすることが必要です。そのために、量子技術、そして量子技術に裏打ちされた量子コンピュータは不可欠な技術です。

東大では、二〇一九年に量子技術に関するすべての要素・システムの開発と次世代人材育成を、産学官の連携によってオールジャパン体制で取り組むためのプラットフォーム「東京大学量子イニシアティブ」を構想していました。そこに、

ＩＢＭから量子技術について日本と連携したいとの提案をいただき、二〇一九年末にＩＢＭと締結したのが、「Japan-IBM Quantum Partnership」です。これは、他大学や公的研究機関、産業界が幅広く参加できる量子コンピュータに関する幅広いパートナーシップの枠組みです。同時に日本の産業界全体を巻き込み、五〇年後の日本全体の発展を目指すという新しいスタイルの未来への投資でもあるのです。

このパートナーシップで想定している取り組みは、主に三つあります。

一つ目は、量子アプリケーションの開発を産業界と共に進めることです。ＩＢＭが量子コンピュータ「IBM Q System One」を、アジア太平洋地域では初めて日本国内のＩＢＭ拠点に設置し、東大が量子アルゴリズム、アプリケーション、ソフトウェア研究に活用します。最終的には量子コンピューティングにおける初めての実用的なアプリケーション開発につなげようと考えています。

二つ目は、量子コンピュータシステム技術の開発です。東大とＩＢＭは、次世代量子コンピュータで使うハードウェアなどの技術開発を行うための世界初の量子技術開発センターを東大キャンパス内に開設しました。極低温技術およびマイクロ波テスト機能を含む実験設備を整備し、ＩＢＭの技術と東大の英知を結集して、量子コンピューティング専用の新しいハードウェア実装技術や量子通信・センシングなどの開発を行おうとしています。

三つ目は、量子科学の推進と教育です。量子コンピューティングの主要な基礎研究テーマについてＩＢＭと共同研究を行うとともに、東大のキャンパス内に研究交流スペースを設置し、学生、教職員、産業界の研究者が参加するセミナー、ワークショップ等のイベントを開催して、交流を促す狙いです。

量子コンピュータの商用利用を先導しているＩＢＭと幅広い連携の枠組みを作ることで、基礎研究にとどまることなく利用技術につながる研究開発体制を日本に一気に備えることができますし、それを担う人材育成を進めることもできます。さらに、産業界、公的研究機関、学術界の専門家が集まり、量子分野の研究力を強化しておくことは、日本全体の経済成長をも生んでいく可能性もあります。この連携には東大だけでなく、日本の未来への期待がかかっているのです。

未来への投資という決断

とはいえ、この産学協創事業には、リスクを冒してでも大学のリソースを投入し、学内の若手を最先端研究のほうに引っ張るという、これまでにない挑戦で、踏み出すには大きな決断が必要でした。

量子力学は、半導体技術など現代技術の学理を広汎に支える基盤であり、不可欠な学問です。しかしその基礎には、量子力学特有の不思議な性質を含んでいます。ここでは詳しいことは述べませんが、波動性と粒子性、波束の収縮、非局所性、量子もつれなど、私たちが日常経験している古典力学の世界とは相容れない概念が含まれます。量子力学の黎明期に観測の問題として大いに議論された問題です。あのアインシュタインも大いに悩んだ課題でした。物理学科に進学して量子力学の最初の講義の際に、担当の教授が、「量子力学がわかるとは何か、それは計算ができて使えるということだとまず考えなさい。観測の問題などに深入りしてはいけない」と忠告されたことを、今でも思い出します。学生たちが入り口で悩み、立ち止まってしまうことのないようにという親心だったのかもしれません。しかしこの不可思議な性質は、形而上学的なものではなく、現実のものであることが、その後さまざまな技術を駆使した実験を通じて検証されていきました。私が物理学の研究をスタートしたころは、まさにその検証が物理学の最前線で熱く議論されていた時代でした。その頃、これらの量子論特有の性質を巧みに使うと、現在使っているコンピュータとは全く違った方式の計算を可能とし、そしてそれがとんでもない計算能力を発揮するということが提案され、新しい研究分野として成長し始めました。膨大な計算を要し、事実上は不可能なほど長い時間のかかる計算を、あっという間に行うことが可能となるというのです。それが量子コンピュータです。情報通信の秘匿性を確保するうえで重要な暗号技術は、計算の難しさをよりどころとして構築されていますので、量子コンピュータを使うことができれば、暗号は一瞬で解読できてしまうのです。一方、量子の性質を活用すると、量子暗号という非常にセキュアな暗号通信も可能になります。このよう な、量子力学の基礎原理を技術として活用する量子技術は、これまで夢の未来技術として語られてきました。それが、わずか数年の間に大きな展開が世界で次々に起きており、今、実用に向けて動き出したのです。アメリカ、ヨーロッパ、中国が非常に力を入れ始めたことは研究者の仲間を通じて、直ちに私にも伝わってきました。量子物理学は東大が伝統的に強みを発揮している分野です。この波に乗り遅れてはいけない、先頭を切っていかねばと思っていました。

とはいえ、これらは非常に難しい技術であることも、物理学を専門とする私にはよくわかっていました。プロジェクトとして確実に成功する道筋が見えないなかで、資金や人材を投資することは簡単ではありません。世界の最前線の動向をモニターするなかで、東大として何ができるかをいろいろと考えてきましたが、なかなか決め手が見つかりませんでした。東大をはじめ日本に世界をリードしうる研究者が多数いることも、国が動き始めることもわかっていましたが、東大としてどう動けばいいのか、判断はつかなかったのです。

そうこうするうちに、ＩＢＭやGoogleなどアメリカの大企業も、リスクを承知でこの分野に懸けようと、本格的に投資する姿勢を見せるようになっていました。そんななか、二〇一九年の秋口にかけていくつかの重要な研究の進展がみられ、世界的なニュースになりました。その頃、量子コンピュータのソフトウェア開発を手がけるイギリスのベンチャー企業ＣＱＣ（Cambridge Quantum Computing）のＣＥＯと出会いました。量子コンピュータの実用化に向けた動きが世界中で私の予想をはるかに超えて進展していることを認識し、本当に驚きました。学術論文として発表されているものの陰で、いくつかの技術が飛躍的に進歩していたのです。ほぼ同時に、ＩＢＭ本社の研究部門トップが総長室にやってきました。東大と共同研究をしたいとアプローチを受けたのです。そこで学内で協議を重ね、この機会をチャンスにしようということになったのです。

ＩＢＭが一緒にやらないかと言ってくれたときにどう動くかが問題でした。三年後もう少し方向性がはっきりしてからとか、先行きが見える五年後まで決断を伸ばすのか、それともまだよくわからないけれどポテンシャルが高いことは確かなので、リスクを覚悟で飛び込んでいくのか。従来の東大のやり方なら、将来がわからないようなリスクのある提案に乗ることはしなかったでしょう。しかし、数年後に判断したのでは、手遅れになることは明白でした。量子技術が社会実装された状況を思い浮かべてみたときに、そこでは、量子ビットのハードの研究だけでなく、それをつないで計算機として動かすためのコンパイラや量子アルゴリズム用のプログラム言語開発、さらにそれを実際の問題に当てはめるプログラミングなどをシームレスにつないでいかねばなりません。日本ではそれらをつなげることができる体制は準備できていません。IBMとの連携はそのような体制を一気に構築するための起爆剤になると考えたのです。そしてそれは今やらねば間に合わない。そのために、前に進めるべきと考え、飛び込む決断をしたのです。保証のない段階で投資するという決断を総長が行ったのは、これが初めてかもしれません。この決断について背中を押してくださったのは、産業界のパートナーたちでした。東大とIBMとの連携に先行して、慶應義塾大学のグループが主導して、アメリカのIBMの量子計算機を活用するプロジェクトを産学連携で進めていました。そこに参加している企業の方々と慶應のメンバーも、東大とIBMとの連携が進むことを切望していたのです。この連携は、「量子イノベーションイニシアティブ協議会」として結実しました。量子コンピュータのユーザーとなることが想定される諸企業と東大、慶應、IBMが参加する国際的な産学連携の協議会です。量子コンピューティングのためのエコシステムを構築することで戦略的に重要な研究開発活動を強化し、産官学の協力によって日本全体のレベルアップと実現の加速化を図り、広く産業に貢献することを目的として、二〇二〇年七月に設立しました。

ＩＢＭとの産学協創はまだ始まったばかりですが、東大の研究者だけでなく、日本の産業界全体を巻き込んで五〇年後の発展を目指して行うという新しいスタイルの未来への投資ですから、次世代のことを考えても、必ず成功させ、成果を挙げなくてはなりません。

ＩＢＭの東大へのアプローチは、一四〇年以上にわたる東大の活動が生み出した実績に基づく信用があったからです。この分野を創り出すことに貢献してきた研究者が集まっているという事実があったからこそ、このアプローチがあったのです。

ここで強調しておきたいのは、東大がなぜそうした実績を積み重ねることができたかといえば、やはりそれは、この半世紀に及ぶ国の投資の蓄積があったからなのです。数十年前であれば、ＩＢＭにしても、ＴＳＭＣにしても、東大に声をかけなかっただろうと思います。海外の企業が一緒にやりたいと思うくらいに、東大の力がついているということも事実なのです。それは国立大学として国が継続的に投資をしてきたからであり、東大が一人で勝手に育ったわけではありません。その意味で、国にももっと自信を持ってもらいたいと思います。

しかし一方で、このまま何もせず手をこまねいていれば、しぼんでしまうことも明らかです。これまでの国からの投資によって獲得した優位性を活用し、さらに伸びていくためには、リーダーは今、リスクを負ってでも決断しなければならないということを実感しています。債券発行も借金ですから、リスクだと考えるのは当然です。しかし、これは成長した姿を次世代に見せるための未来への「投資」であり、その決断は未来の世代に対する責任なのです。

若手の可能性を活かす

ＩＢＭとの産学協創によって、次世代の学生や研究者を育てるという投資をすることができました。若い研究者たちは量子コンピュータの分野をやりたくて仕方がありません。新しいサイエンスですから、若い人には大きな可能性がある。量子力学は誕生以来長年、非常に基礎的でチャレンジングな学問でした。特にその基礎部分は、一〇〇年もの間教科書で勉強するだけだったのですが、それがようやく実際に役に立つ製品として具体化されるところまで来ているというのはすごいことなのです。つまり、これからの時代を担う学生や若手研究者たちに、ハンズオンの（直接体験する）場を提供できるというチャンスが到来しているのです。我々の世代は教科書で何年も学びトレーニングを受けてきたのが、今はそれが実際に量子コンピュータを動かして見せることができるので、教育方法も大きく変化するでしょう。そして量子力学を当たり前のものとして身につけた人材、量子ネイティブ人材を育てていくことができるのです。これはこの分野に長年かかわってきた研究者にとって驚くべきことだったのです。そうしたことも含め、これは思い切ってやりきれば、きっといい結果が生まれるだろうと確信したのです。

そして東大が関与することには、企業側にも大きなメリットがありました。産業界のプレイヤーが同じことを行う場合には、ハードルはより高くなります。IBMにしても、自社の技術を産業界に直接渡すことは、ビジネス上のリスクがあり躊躇するでしょう。開発への道のりは依然として長いため他者と協力したいけれど、企業同士では難しい。研究の場を提供する機関であり、知財管理もできる大学を通すことによって、ハードルが下がるのです。これがゲートウェイの利点です。

IBMに対して企業ごとにアクセスするのは大変ですが、東大を通すことによってそのハードルが下がり、日本企業は共同研究の可能性が広がる。その場となるのは、東大に体力、人材があるからできることです。各分野に専門の先生がいるし、専門知識を持った職員がいます。東大出身の弁護士も多い。これまではそうした人材の持つスキルを統合してこなかっただけで、素地としては確かに存在していたのです。

これにより、研究者たちに実践の経験を積む機会を与えることができます。知識はあって、海外の動向もつかんでいるのに、グローバルなマーケットで実践した経験だけがない。そういう研究者に活躍の場ができたのです。能力を発揮する機会を得たことで、若手研究者たちが世界的プロフェッショナルとして、海外の大学で職を得ることもあるかもしれません。

これは第一歩ですが、ＩＢＭとの産学協創を通じて東大が知財も適切に扱っていると評価されれば、さらに次の大きなプロジェクトにもつながっていきます。ＩＢＭはどのグローバル企業と一緒にやっていれば、自然と他の企業にも評判は伝わり、さらに多くの話が来るかもしれません。大学としてだけではなく、そこに在籍する人たちにとっても、チャンスが広がっていくのではないかと思います。

グローバルな視点に立つ学術機関

東大がＴＳＭＣ、ＩＢＭとのゲートウェイとなることの最も重要な意義は、産業界への機会の提供です。ここを通れば世界が見えるということです。参加企業がそのことによって技術開発が進むことが期待されているし、そういうことが起こり得るゲートウェイを提供している東大にも相応の対価があって然るべきです。それこそが、自らの資源を生かして自立する一つの姿なのではないでしょうか。

学術が美しい理念のもとにあることは、事実です。しかし、知財を生み出すために、企業では相応の投資がなされています。そうした感覚を持つことは自然だと思いますし、企業的発想としては当たり前のことです。最も不安なのは、それが本当にできるのかという、東大の足腰の問題です。独立した組織としての底力を強化し続けていかなくては信用が築かれないというのは経営体としての大前提であり、東大が今後も成長し続けていくためにまず必要なことで、しっかり意識して進めていかねばなりません。

そこまでやらなくてもいいのではないか。日本国内だけを見ていれば、そう感じるかもしれません。しかし、マーケットがグローバルに開かれている今、大学も常に世界とつながっているのです。東大が世界トップの大学と常に競っているのは確かであり、まずは東大がやってみるというのは自然なことなのです。

二〇〇三年に制定された「東京大学憲章」の前文には、こう書かれています。

「二一世紀に入り、人類は、国家を超えた地球大の交わりが飛躍的に強まる時代を迎えている。

日本もまた、世界に自らを開きつつ、その特質を発揮して人類文明に貢献することが求められている。東京大学は、この新しい世紀に際して、世界の公共性に奉仕する大学として、文字どおり『世界の東京大学』となることが、日本国民からの付託に応えて日本社会に寄与する道であるとの確信に立ち、国籍、民族、言語等のあらゆる境を超えた人類普遍の真理と真実を追究し、世界の平和と人類の福祉、人類と自然の共存、安全な環境の創造、諸地域の均衡のとれた持続的な発展、科学・技術の進歩、および文化の批判的継承と創造に、その教育・研究を通じて貢献することを、あらためて決意する」

私たちが挑んでいる課題には国境はありません。世界を見据え、壁を乗り越え、国際的な存在感を示せるよう、精進していかなくてはなりません。

つまりこれらの産学協創は、東大がグローバルな視点で考え始めたという証でもあります。IBMにしてもTSMCにしてもグローバル企業です。産学協創のパートナーである日本の企業も活動の場は世界です。グローバルな視点でどういうリスクを取るべきか。国内だけを見ていればよかった時代のリスクと、世界を相手にするときのリスクの取り方は、同じではないはずですし、そのときに整えるべき体制も異なってくるでしょう。その段階に一歩踏み出したということです。

column 03

新しい渋谷から未来への問いかけを

いま、渋谷が大きく変わろうとしています。二〇一九年一一月にオープンした渋谷スクランブルスクエアはその象徴です。その一五階に産学交流の新しいプラットフォームとして、SHIBUYA QWSが誕生しました。名称はQuestion with Sensibilityの頭文字をつなげたもので、物事の本質を探究し、常に問い続けることが、新しい価値につながる原点になるという思いがこめられています。渋谷のほど近くに駒場キャンパスを擁する東大も参加して、都内五大学と企業一六社の提携によって生まれました。一一月八日には、オープニング企画の一つとして、隈研吾先生と私が、「地域の未来を拓く知の創発とは?」をテーマに現地で対談を行いました。隈先生はスクランブルスクエアの設計者の一人です。

私は東大入学当初、進学先の選択肢として建築を考えたこともあり、とても楽しく対談できました。建築は人たちが集い、出会うプラットフォームである、大きな施設作りのような巨大プロジェクトに人を惹きつけ巻き込むには、〝実験性〟が大事……といった、インパクトのある作品を次々世に問うてきた隈先生ならではの話に大いに刺激を受けました。大勢の人びとを巻き込むのが重要というのは大学運営にも通じる話です。

とりわけ印象的だったのは、東京オリンピック・パラリンピックのメイン会場となる新国立競技場に四七都道府県の木材を使ったという話です。同じ杉材でも産地によって木目も色味も手ざわりも全然違うというのです。多様な材料というと、木とプラスチックと鉄が違うことは誰でもわかります。しかし、杉材の微妙な違いを感じるには、日頃から木材をより丁寧に深く見つめていなければわかりません。違いを感じ取るセンシビリティを鍛えておくことが重要なのです。それがあれば、違いを味わい楽しむことができる。これは多様性を尊重することの出発点なのではないかと思いました。そこから新しい価値が生じてくるはずです。

大量生産大量消費の時代には、差異を捨てることがむしろ価値につながっていた面がありました。しかし、今は違います。革新が進むデジタル技術も、社会のさまざまな差異を丁寧に扱い、尊重するツールとして役立てるべきです。差異を尊重するなかで、新しい価値が生まれます。そのためには、物事を漠然と見ているのではなく、違いに対するセンシビリティを意識して磨くことが大切です。それを鍛える場として大学の多様性をいっそう高めることが重要だと感じています。

私も駒場に通っていた頃、渋谷によく足を伸ばしました。次代を担う若者が集う渋谷から、未来社会への協創の問いかけを発信していきましょう。

「学内広報」一五二九号（二〇一九年一二月一九日）掲載

対談①

五神真・藤井輝夫
変革のバトンをつなぐ

写真上が五神真氏、下が藤井輝夫氏

（写真 貝塚純一）

ビジョン策定の経緯

五神　総長就任から半年が経った二〇一五年一〇月、私は東京大学としての「東京大学ビジョン二〇二〇」、そして総長としての自分の思いを綴った「『東京大学ビジョン二〇二〇』の公表にあたって」の二つの文書を公表しました（付録1および2を参照）。いま振り返って読むと興味深いですね。

ビジョンの草稿は、藤井先生(一)をはじめとする起草メンバーの先生方と議論しながらつくり、全学の学部長、研究科長、研究所長が集まる会議（科所長会議）でも度々意見を聞き、修正を加えながら完成させました。こうした指針は、全学的な合意を得ながら進めていくべきだと考えていたからです。自分の思いとしてはビジョンに入れたかったけれど、実際には入れられなかったものがあり、そちらは「公表にあたって」のなかで表現しました。その一つが、東大の歴史を七〇年単位で捉えるということでした。

藤井　検討の結果、ビジョン本体には入れないことになりましたね。

五神　ビジョンの草稿は、皆でふさわしい表現を探し、調整しながらまとめていましたからね。とくに印象に残っているのは、「資本主義や民主主義といった現

(一) 藤井輝夫（ふじい　てるお）　一九六四年生まれ。東京大学理事・副学長。専門は応用マイクロ流体システム。一九八八年東京大学工学部船舶工学科卒業。九三年東京大学大学院工学系研究科博士課程修了。博士（工学）。同年東京大学生産技術研究所客員助教授、九四年同助教授。理化学研究所生化学システム研究室研究員等を経て、二〇〇七年東京大学生産技術研究所教授。一五年より同研究所所長、一八年より東京大学大学執行役・副学長、社会連携本部長を務め、一九年より現職。二〇二一年四月より第三一代東京大学総長に就任予定。

代社会を支える基本的な仕組みの限界も露わになってきています」という一文です。当初はビジョン本体に入れていましたが、科所長会議で、ある部局長の方から、さすがに言い過ぎではないかとの指摘があり、外すことにしました。当時はデジタルトランスフォーメーション（DX）という言葉は流布していませんでしたが、私には、デジタル技術の革新に社会の仕組みが追いついていないという実感が強くあったのです。いま「公表にあたって」を改めて読むと、すでに社会で十分に受け入れられている内容です。いまなら東大の名で出しておかしくない文書になっていると思います。

もうひとつ象徴的だったのは、「そのために、大学の経営や運営について、従来の発想から脱し、そのあり方を転換することが不可欠と考えます」で始まるパラグラフを「ビジョン4〈運営〉」から外したことです。草稿の初期段階では「運営から経営へ」という言葉を入れていましたが、当時はまだ「経営」を全学の文書に使うことに抵抗がありましたよね。

藤井　それであえて「経営」と言わずに表現しましたね。

五神　機が熟していなかったのです。でも、大学は受動的であってはいけないとの思いは、何とかして伝えたい。そこで「能動的に活動する組織体へと変化し、自立歩行する仕組みを備えていかねばなりません」といった文章で、「運営から経営へ」の意図を表現しようとしました。これらの思いの大半は、任期中に果たせた気がしています。

東大の歴史を七〇年単位で捉えるという考え方は、創立一四〇年を意識してのものでした。東大の歴史は、旧制―新制の観点で捉えられがちですが、これは戦前と戦後で分けています。戦前とは通常、終戦の一〇〜二〇年前を指しますが、東大は戦前に七〇年もの歴史がある。明治初頭の設立時から終戦に至る紆余曲折を含めて捉えることが重要です。「公表にあたって」を発表した当時、そこまではっきりと考えていたわけではありませんが、創立一四〇周年記念講演で歴史学者の加藤陽子先生のお話を聞き、この見方は正しいと確信が深まりました。私が総長に就任したのは、東大創立から一三八年目。二年間、総長としてさまざまなことを学ぶなかで至った考えに、太鼓判を押していただいた思いがしました。

それにしても「知の協創の世界拠点」や「卓越性と多様性の相互連環」など、時代を先取りしたよいキーワードを盛り込んでいたなと思います。「ビジョン3」の〔社会連携〕に入れた、「公共」を広く捉えるという目標は、起草メンバーと議論するなかで言葉として定着させることができました。

合意形成を目指す場合には、メンバーが極端な違和感を覚えるものを入れるわけにはいきません。それは妥協ではなく、皆の共通点を磨き上げる作業です。起草メンバーの先生方との議論と、科所長会議での議論を通じて、その作業を進めました。公表後には二六回にわたって学内の全部局の教授会を訪問し、現場の先生方と直接質疑応答を行いました。トップダウンとボトムアップをうまく組み合わせようと意識しましたが、「こう書いては反発を受けるかもしれない」と悩みながら進めていたところもありましたね。

SDGsを先取りした「二一世紀の地球社会」という発想

藤井　草稿の作成作業中は何度もミーティングを重ね、総長ご自身の思いを全学に伝えるため、なるべく普遍的な表現で示すことに注力しました。当時の資料を見直していたら、「地球」「知の公共性」「東大」「多様性と卓越性」を図式化したメモが出てきました。総長のアイデアをどうすればよりスムーズに理解してもらえるか、皆で試行錯誤していたことを思い出します。

SDGsという単語自体は出てきませんが、内容的にはSDGsそのものと言えるビジョンになったと思います。例えば「二一世紀の地球社会」という表現を使い、空間軸と時間軸に触れながら公共性を語っている部分には、いまやらなくてはならないとの危機感がにじみ出ています。従来のように経済成長だけを目指すのではなく、環境に配慮しながらの成長を目指す、という姿勢が、このビジョンには打ち出されているのです。文章としては普遍性と一般性の高いものになりましたが、総長ご自身の思いや熱量は、この文章に収まりきるものではなかったのでしょうね。

五神 内容としては、東大の先生方には受け入れてもらえるだろうとの確信がありました。でもそのまま書いても伝わらないかもしれない。そこで、取り下げるのではなく、助言を得ながらより伝わりやすい表現に昇華させていくという方法を採ったんですよね。

いまこうして読み直すと、現在行っていることのほとんどが、就任当初のビジョンにすでに書かれていますね。「ビジョン4〔運営〕」にはサイバー空間上の話も入っていて、当時から頭にはあったんだな、と。DXの概念は、ディープラーニングがブレイクスルーとなって、二〇一六年に瞬く間に広がることになりました。一五年のビジョンではAIへの脅威やシンギュラリティ論にまで踏み込んではいませんが、そこにつながることは入っています。

その後、台頭してきたのがSDGsの考え方です。SDGsが発表されたのは一五年九月ですが、当初はさほど注目されておらず、私もビジョン検討時に熟知していたわけではありませんでした。でも一六年にビジョンの内容をいろいろな場で説明する際には、ＳＤＧｓと結びつけて話すようになりました。先進国による途上国への支援の側面が強いＭＤＧｓ（ミレニアム開発目標）と先進国自身にも課されるＳＤＧｓの違いが浸透していなかったせいか、当時はまだ日本社会での受けは悪かったのですが。

藤井　大学の大前提として、世界の公共性に貢献すべきということがあります。「二一世紀の地球社会」という発想には、ＳＤＧｓ的なものが見え隠れしている。そうした意味での「新しい公共性」の創造が、大学が目指す方向性として非常に重要だと感じます。そして、これは大学単体でできることではなく、広く社会と連携してこそ実現できる。学外とも連携しながら世界の新しい公共性を創る営みに貢献しようというのは、総長と私たち起草メンバーの間で早い段階から共有していたことでした。

「本気の産学連携」はなぜ実現したか

五神　私が構想した社会連携を実際に動かしてくださったのが藤井先生ですが、私は従来のプロジェクトベースの産学連携を脱し、組織対組織による総合的な連携としての「産学協創」を前に進めようとしました。これは総長就任後、産業界のトップリーダーたちと話をするなかで着想したアイデアでした。

彼らは皆「何に投資すればいいのか見えてこない」と言っていました。それを聞いて、これは大きな可能性がある、と直感しました。私にそう吐露してくれたということは、産業界は東大をコラボレーションの相手として期待してくれているのかもしれない、と思ったのです。

もう一つ、私が総長就任前に進めていたＣＯＩ（Center of Innovation）事業での経験も影響しています。産業界と連携してイノベーションを創出するための文科省の事業として、二〇一三年から光科学分野でのプロジェクトを実施していました。私としては、初めて自身がリードした本格的な産学連携事業です。従来東大が行っていた産業界との共同研究は、連携を提案してくる現場レベルでは大規模資金を動かす決裁権限がないために、小粒にならざるを得なかった。企業側が本気でコミットしたいと思っても、個別の課題を解決するトラブルシューティング的な研究しかできなかったのです。総長の立場になったとき、決裁権限のあるトップと合意するしかないと思ったのは、そうした経験があったからでした。また、共に知恵を出し合って投資の方向付けをする必要性も感じていました。これらのアイデアに多くの経営者は賛同してくれました。

従来の共同研究の場合、大学の活動の価値は必要経費を積み上げたものとしてしか計算されないため、数百万円程度の小規模なものにとどまってしまい、知を社会変革の駆動に役立てることにはつながりません。資本主義の歪みを直すという私の狙いを達成するためには、知の価値の値付けを正さなくてはならない。大学の知の価値づけを確立させるためにも、組織対組織の連携が必要だったのです。

トップ間での合意交渉で注意を払ったのは、スケールの大きな連携を呼びかけつつも、金額の話から入らないということでした。もちろん、トップ同士が合意することと、実際に契約を締結し、協創を行っていくこととの間には相当なギャップがあり、大変なことだったと思います。体制を整えて動き出すまでには、結局二、三年かかりましたね。

藤井　私は五神総長の任期四年目から本部の役職を担うようになりましたが、それまでは部局の現場、生産技術研究所（生研）の所長として、生研と企業との包括的な産学連携活動を推進していました。当時、総長から「本気の産学連携をやりたいんだ」と言われたことを、よく覚えています。

五神　私のアイデアを藤井先生が支える形で実行してくれたというよりは、むしろ部局の現場、産学連携の本場ともいえる生研の長として活躍していた藤井先生は、私よりずっと経験が豊富でした。本部の仕事をされるようになってからは、生研単体でやるには大きすぎるような案件を、全学に積極的に持ち込んでくださった。藤井先生の持ってこられた案件は、ほぼすべて受け入れた気がします。

藤井　そうですね。総長からのダメ出しで諦めた案件はなかったと思います。

五神　従来の東大ならやらなかったような野心的な案件も多かったですが、おもしろいからやろう、という意気込みで進めていきましたよね。産学協創推進本部長の渡部俊也先生のご尽力もあり、最初の三年で、そうしたものも受け止められる体制ができていきました。

藤井　産学協創を実りあるものにするには、トップ同士はもちろんですが、やはり実行部隊同士が関係をしっかり構築していることが必要です。担当理事として、そこには特別気を配ってきました。

五神　藤井先生が社会連携本部長になってから開拓し、持ち込んでくださった案件はたくさんあります。タタ・コンサルタンシー・サービシズ（ＴＣＳ）との産学協創協定もその一つでした。

藤井　東大がやれば、より良い展開が生まれそうだと思えたものを総長に提案し、進めてきました。ＴＣＳは世界トップクラスのデジタル技術企業であり、インドと日本の関係構築上も非常に重要な相手です。ＤＸに取り組む上でＴＣＳと協創することは、お互いにとっても、社会全体にとっても良いことだと考えました。

学術交流の蓄積が生んだビッグコラボレーション

五神　ＴＳＭＣ（Taiwan Semiconductor Manufacturing Company）との連携においても、藤井先生はキーパーソンの役割を果たしてくださいました。総長になる前の年の一一月に、先ほどお話ししたＣＯＩ事業の関係でＴＳＭＣを訪問する機会がありました。そのときに、東大とＴＳＭＣの連携の重要性を直感したのです。二〇一八年一二月に台湾の教育部の招待で訪台する機会がありました。私は台湾に訪問するなら、Global Advisory Board（ＧＡＢ）のメンバーであったＴＳＭＣ創業者のモリス・チャン氏を表敬訪問し、ＴＳＭＣとの連携についても相談したいと思っていました。事前に打診したところ、チャンさんからは「六月にＣＥＯを引退したから、共同研究の話は後継のマーク・リュウ会長としてほしい」と言われました。私はリュウ会長とは面識がなかったのですが、藤井先生がすでに知り合いだったということで、つないでいただいたんですよね。

藤井　毎年京都で行われているＳＴＳフォーラムでたまたま隣席同士になったので、「今度台湾に行ったら寄らせてもらいたい」と話して、連絡用のアドレスを教えてもらっていたのです。

五神　よい機会なので一緒に行こう、となって、藤井先生と共にリュウ会長との会談の機会を得ました。当日はぶっつけ本番で、私の専門分野に近い半導体の最先端技術にかかわる連携の話を持ちかけました。

藤井　あのとき、先方は意外なほど前向きに応じてくれましたよね。

五神　ＴＳＭＣは社内セキュリティが厳しいことで有名な会社ですが、同行者の一人が持参したパソコンがセキュリティで引っかかって入館にもたついていたところ、「時間がもったいないからいいよ」と入れてくれました。東大を信用してくれているからこその計らいなのかなと感じましたね。会談では、トップ同士にもかかわらず技術戦略的な話で盛り上がり、事態がすっと進みました。国策として微妙な位置にある日本の半導体戦略にとって、現在の大きな命綱は、東大・ＴＳＭＣ連携なのではないでしょうか。ＴＳＭＣ訪問のあとチャンさんにお会いし、リュウ会長との話がとても有意義だったことを伝え、チャンさんからも励ましをいただきました。

この連携構想は、日本の産業政策にもかかわる内容なので、訪問前に関係省庁にも伝えました。しかし、ＴＳＭＣとの包括連携などイメージすることがむずかしく、信じてもらえませんでした。それくらいＴＳＭＣはハードルの高い、つきあうのが難しい会社とされています。話が進んだのは、日本の学術レベルの高さを先方がリスペクトしていたからこそだと思います。台湾から戻ってすぐに、関係省庁の幹部に訪問の成果を伝えました。現在では、ＴＳＭＣとの連携は産業政策上の重要課題となっています。

藤井　半導体分野でのアカデミアのつながりが効いたのだと思います。

五神　そうですね。工学系研究科や生研の先生たちが学術的な交流を続けてきてくださったおかげで、人脈がしっかりつながっています。だからこそ、日本の半導体分野で中心的存在の東大が組織としてやりたいと言ったとき、前向きに捉えてくれたのでしょう。私自身、交渉をする中で、東大のパワーを再確認する思いがしました。他大学や政府系の研究所、産業界では難しかったと思います。

藤井　社会連携には、卒業生との連携も含みます。大学への信頼感や、現在の取り組みを、卒業生を含む社会の皆さんに共感していただくことは、産業界との連携を進めるうえでも重要になってくると思います。

五神　資源拡大のためには、ファンドレイジングも重要です。寄付を担当する渉外本部を社会連携本部に統合し、藤井先生にご担当いただきましたが、この改組は非常に重要でした。それまでは皆、個々に頑張ってはいましたが、組織としての力が発揮されるまでには至っていませんでした。そこに藤井先生が大学執行役、理事として注力されたことで、大きく変わりました。部署の雰囲気がよくなり、スタッフが見違えるほど元気に働けるようになったのです。パフォーマンスも劇的に向上しました。

藤井　別々に活動していた渉外本部と卒業生室を、社会連携本部としてひとつの組織にしました。それまでは、卒業生の集まりで寄付を呼びかけることに対して、必ずしも好意的に受け止めていただける雰囲気ばかりとはいえませんでした。でも、大学が社会に貢献するためにお金が必要だということを、丁寧に説明し続けることで、風向きが確実に変わってきたと感じています。

五神　能力の高いファンドレイザーはいても、各自がバラバラに動いていたきらいがありました。東大全体のビジョンを共有して、ようやく良い方向に動き出しましたし、ここはこの先も伸びしろが大きいと思います。

東大を「地球と人類のために貢献する公共財」と位置付ける

藤井　二〇一七年には、指定国立大学の指定がありましたね。

五神　「東京大学ビジョン二〇二〇」の策定後、一年強の活動を経てまとめたのが、一七年の指定国立大学への提案書でした。そこで「運営から経営へ」の方針をはっきり打ち出しました。また、ＳＤＧｓを前面に出し、未来社会協創推進本部（ＦＳＩ）のイメージもかなり明確に出しました。

この提案書は、学内では否定する人はいませんでしたが、文部科学省の審査では、私たちの期待に反し不評でした。特に産業界からの委員に伝わらなかったように感じました。「総花的すぎる」とか「もっと具体的に絞り込んだ提案のほうがいい」と質疑の際に言われました。実際、他大学はそうした提案をしていたようです。私たちの提案は、東大という公共財を「地球と人類の未来のために活用する」という大きな理念を強調したものでした。審査員にはそれが、抽象的で大風呂敷を広げただけと捉えられてしまったようです。でも私は本気で「地球と人類のために貢献することを実際にやるんだ」と思っていました。審査会に参加していた外国人審査員のなかに、この提案を高く評価してくれた方もいたようで、指定国立大学から漏れることは免れました。その後も、国内より海外でのほうが、我々の提案の真意をわかってもらいやすいのかもしれないと思うことが度々ありました。

東大は二〇一七年七月、指定国立大学に指定され、同時にＦＳＩを発足して走り出し、今に至っています。今私たちがつけているこのバッジは、藤井先生が先導してくださったものですね。

藤井　未来社会協創推進事業を始めたとき、総長から「ＦＳＩを支える基金をつくってほしい」と言われましたが、このバッジのイメージは最初から私の頭にあ

右側にはＳＤＧｓのロゴが配置されている。

東大 FSI のバッジ

ったんです。寄付をくださった皆さまにお配りしようと考えていました。東大と一緒に地球と人類社会の未来のために貢献しようとしていることを、バッジを通して周囲に伝えていただければ、さらによい循環が起きるだろうと思ったからです。胸のバッジを見た人から「これは何？」と聞かれること自体が、東大の構想を実現する第一歩になります。

五神　東大がＦＳＩを発足させた四か月後の一一月に経団連が企業行動憲章を改定しましたが、それもＳＤＧｓとSociety 5.0を前面に出すものでした。日本の経済界を代表するオーソドックスな団体が急速に舵を切り、私たちの構想を後押ししてくれる形になりました。

藤井　人類のためだけでなく、地球のために貢献するというメッセージを社会の隅々にまで広げるためには、多分野で活躍する卒業生の力を活用すべきだと感じています。東大の卒業生組織には、地域同窓会連合会と校友会があり、今この二つを団結させようとしています。

五神　地域同窓会連合会と校友会が一体化すれば、確実に価値は増大します。校友会は国立大学法人化を機に大学主導で発足させた組織ですが、地域同窓会連合会はずっと前から草の根的に活動してきた歴史があります。無造作に統合するのではなく、両組織を率いる卒業生の皆さんの思いを吸い上げながら、よい形にまとまったと思います。

藤井　大同団結は、二〇一九年三月の覚書の締結によって始まり、二〇二〇年一〇月から実際に始動しました。

五神　ちょうどその一〇月の末に地域同窓会連合会の会長をされていた有馬朗人先生とお話しする機会があり、それが有馬先生にお目にかかる最後の機会となりました。

藤井　私もあの場に同席できてよかったです。懸案の解決を、有馬先生が見届けてくださる形になりました。

コロナ禍で問われる総長のリーダーシップ

藤井　五神総長の任期最終年で、コロナ危機が発生しました。前例のない事態の連続で、緊急の判断を迫られましたが、五神総長が学期の開始を遅らせずに、全授業をオンラインに切り替えると決断されたのは、本当に正しかったと思います。私も今後総長として、こうした重要な判断が求められる場面に直面するのだろうと予想しています。

五神　コロナ禍で教育研究を止めないためには、デジタル技術に頼らざるを得ませんでした。知識集約型社会への転換の背景にはＤＸがあり、私はそれを積極的に進めようと言ってきましたが、コロナ禍によってこれは否応なく加速することになった。言い続けてきたことでオンライン対応の準備が進んでいたのは、幸いでした。

ただ、ビジョンの策定作業でも経験したように、大学の特徴はやはり、皆で顔を合わせて議論することで知恵が生まれていくところにあります。画面を通じたコミュニケーションの限界をつくづく感じています。

私にとっては、総長補佐会が象徴的でした。東大では、各部局で選出された先生が総長補佐として、大学運営の視点を取り入れて働く仕組みがあり、これは先生方の貴重な成長機会としても機能してきました。大学執行部と総長補佐が直接顔を合わせて課題に向き合うなかで、互いに磨かれるのです。今年の補佐は私の任期最終年度であり、各部局から送り込まれたメンバーは例年にも増した精鋭揃いです。未曾有のコロナ禍でのさまざまな対応についてのサポート、六年間の振り返りなど、重要な案件について力を発揮してくれています。教育研究のための貴重な時間を、大学の運営のために惜しげもなく提供してくださっていることに本当に感謝しています。しかし、直接対面する機会をまったく持てなかった今年度の場合、例年とは少し異なるように感じています。年度の終わり頃に多くの補佐が体験してきた、達成感や共感というところで補佐の方々自身もどこか不完全燃焼感を残しているのかもしれないと感じるのです。
あらゆるコミュニケーションにおいて、同様のことが起きているだろうと想像します。オンラインは必要最低限のやりとりとしては機能しますが、真のコミュニケーションという意味では限界があることは明らかで、コミュニケーションの本質が影響を受けているのではないかと危惧しています。昨年はとにかく学事暦を止めないために、その場しのぎででも、やるべきことをやらざるを得なかったのです。しかし、この状況が長期化するのが明らかな今、発想を大きく切り替えるタイミングが来ています。ここでうまく転換できれば東大はさらに成長できますが、大きな挑戦でもあると思います。

藤井　学内はもちろん、社会全体がコロナ禍以前とは違う経験をしているこのタイミングで総長を引き継ぐことになりますが、やろうと思っていたことができないからやめよう、ではいけません。制限のあるなかでいかに工夫してやっていくか。昨夏のオープンキャンパスで実施した「バーチャル東大」は、よい工夫事例だと感じています。同様の試みを積み上げて、よいものを定着させていきたいと思っています。

五神　コロナ禍が任期最終年に起きたことは、私にとって不幸中の幸いでした。

これがもし二〇一五年の就任直後だったら、事態はずっと厳しかったでしょう。学内外での信頼感が蓄積されてきていた最終年度だったからこそ、なんとかなったのだと思います。総長のリーダーシップは、無条件の信頼がある程度ベースにないと、機能しません。学事暦を変更するかどうかは、トップが判断すべき類のものでした。部局に持ち帰って検討してもらっても、時間がかかって皆が困るだけです。

私は歴代の総長の手伝いをするなかで、総長が独りで決めなければならないことがあると知りました。もし将来、藤井総長から何か相談されても、そのときの私にはもうわからないでしょうね。その立場にいなければわからないことがある。その意味で総長は孤独です。親しい仲間はいても、同じ立場の人は他に誰もいません。それは、そういうものだと割り切ったほうがよいと思います。一方、総長としての六年間が私の人生でもっとも贅沢な時間であったことも事実で、支えてくださったみなさんに本当に感謝しています。東大の最高の知恵をいつでも総動員して考えることができました。最高のパワースーツを着て総長としての執務をこなしていたと言ってもいいと思います。それがなければ、改革は何もできなかったでしょう。

ダイバーシティは東大の課題であり、伸びしろ

五神　コロナ禍は、学術の蓄積という面でも人材の面でも、東大の底力を再確認する良い機会でしたが、私の任期中にやり残したこともたくさんあります。その一つが多様性、ダイバーシティの実現です。女子学生への住まい支援など、さまざまに取り組んではきましたが、効果は限定的にとどまりました。

拡張主義的な経済成長が見込めないなか、これからはインクルーシブネスを高め、一人ひとりがポジティブにかかわる社会に向かうことで経済成長を実現しようという機運が高まっています。しかし、インクルーシブネスの追求において、現在の東大は理想からほど遠いと言わざるを得ません。しかし、それは同時にダイバーシティが東大における最大の伸びしろだということでもあります。女子学生が二割しかいないという意味で、東大は日本の中でも最も遅れた立場にあり、女性活躍に資するアクションを躊躇なく起こしていくことが重要です。非常に難しい課題ですが、方向性を強く打ち出す努力を続けるしかありません。ここを克服せずして、東大の成長はなく、日本の成長もあり得ないでしょう。

この状況を海外で話すと「不健康な状態だ」と言われますが、学内ではこの感覚がいまだに十分共有されていないように思います。それほどたいした問題では

ないと感じている人が、相当数いるのです。これは、非常にまずい状態です。この意識転換を広げていかなくてはなりません。

藤井　私も五神総長の危機意識を引き継ぎ、さらに前に進めていかなくてはならないと決意しています。ダイバーシティとインクルージョンは、非常に重要な概念です。活動を拡大する際、経済性だけを重んじるのではなく、インクルーシブネスへの配慮にポジティブな価値を見出すことが、鍵になる。私はこれを、総長として打ち出す指針のキーコンセプトに据えるつもりです。

五神　私は昨年六月に開催された、学部一年の女子学生とオンラインで語り合う「UTokyo Women's Zoom Cafe」に参加しましたが、これはコロナ危機がなければ生まれなかった試みかもしれません。安田講堂に学生に集まってもらうとなると大仕事ですが、Zoomなら気軽に参加できるし、学生も話しやすいようでした。バーチャルではありますが、少人数だった分、総長とじかに話せたという感触を持ってもらえたようです。

藤井　女子学生だけでなく、男子学生とも語り合ってみたいですね。ダイバーシティということで言えば、留学生やバリアフリーの問題もあります。

五神　総長の任期は限られており、どこに注力するか判断が問われるところですが、ダイバーシティはなかでも注力する価値のある分野だと思います。健闘を祈っています。

（二〇二一年一月二二日、東大本郷キャンパスに於て収録）

付録①

「東京大学ビジョン二〇二〇」の公表にあたって

東京大学は、本年が創立一三八年目となります。終戦をほぼ中間点として約一四〇年が経過しました。この間、科学技術の進歩を背景として、人類はその力を飛躍的に拡大し、活動は国境を越え、社会の様相は大きく変わりました。その中で日本は、高度な科学技術や学術を牽引力として、アジアにあって世界をリードする地位を築きました。

しかし、一方で、資本主義や民主主義といった現代社会を支える基本的な仕組みの限界も露わになってきています。地球環境の劣化、資源枯渇、地域間格差といった地球規模の課題が顕在化し、世界情勢はますます不安定になっているように感じます。より大きな力を得た人類がどのようにして、安定的で平穏な社会を構築するのか、その道筋は明らかにはなっていません。私は、多様な人々が尊重しあいながら協力して経済を大きく駆動する新たな仕組みを生みだすことが必要だと考えています。この新しい仕組みを駆動するものは人々の知恵に他なりません。すなわち、知恵が経済を動かす社会です。そうした社会に移行できるのかどうか、人類は今、分岐点に立たされていると捉えています。日本には、アジアの先進国として、それを先導する歴史的責務があり、大学はその中心的役割を担うべきと考えます。

東京大学には、一四〇年にわたる継続的な国民からの支援の蓄積があります。これを最大限に活用し、次の七〇年間の人類社会をどう導き、その中で日本をどう輝かせるのか、そのシナリオを描き行動することが、今求められています。

そのために、大学の経営や運営について、従来の発想から脱し、そのあり方を転換することが不可欠と考えます。基盤的な活動を支える、国立大学法人運営費交付金の重要性は論をまちませんが、財政赤字を抱え少子化高齢化が進む我が国の状況において、支援を求めるだけでは責任を果たすことはできません。私達の本分である、教育・研究活動の質をいっそう高めるとともに、その価値を掘り起こし可視化していく必要があります。そして、それを駆動力として能動的に活動する組織体へと変化し、自立歩行する仕組みを備えていかねばなりません。

東京大学の歴史を七〇年単位で捉えると、私の任期中に新たな七〇年の時代に入り、任期中に東京大学に入学した学生は、まさにこの新たな時代を形作る世代となります。未来の社会を形作るこの若者達への責任を果たすため、今こそ東京大学は自らの機能を思い切って転換していかなければなりません。

この東京大学の機能転換の理念と具体的方針を、このたび「東京大学ビジョン二〇二〇」としてお示しすることとしました。私が目指す東京大学の新たな姿を全学で共有し、全学の総力を結集して改革を力強く進めていく所存です。また、アクションについては、状況変化や各界からのご意見を踏まえ、適宜更新していく予定です。本ビジョンに基づく東京大学の取組に、各界の皆様のご理解とご支援をいただきますようお願い申し上げます。

（二〇一五年一〇月二二日）

付録②

東京大学ビジョン二〇二〇

Vision2020

基本理念　卓越性と多様性の相互連環
――「知の協創の世界拠点」として

科学の進歩と新たなテクノロジーの開発は、人類を繁栄に導くための推進力であるはずです。しかし一方で、それは暴走するリスクを常にはらんでおり、人類はそれを制御するための知を同時に鍛えておかなければなりません。現在進行しつつあるさまざまな領域でのグローバル化は「地球社会」とも呼ぶべき新たな世界状況を生み出していますが、国立大学が法人化された二〇〇四年当時と比較しても、環境問題の深刻化、国際紛争の複雑化、格差や不平等の拡大など、容易に解を見出せない問題が次々に出現しています。だからこそ、東京大学が人類の安定的な発展に貢献する責任はいっそう重くなっていると言えるでしょう。

「東京大学ビジョン二〇二〇」は、こうした世界の危機的な状況を踏まえて、東京大学が今まさに果たさなければならない使命を力強く担っていくために、「卓越性」と「多様性」を二つの基本理念として掲げます。

文系・理系のあらゆる分野で世界最高水準の教育研究を目指す東京大学が「卓越性」を基本理念

として掲げるのは、当然のこととみなされるでしょう。しかし個々の分野がばらばらに併存しているだけでは、ただの「複数性」にすぎません。他者に向けて開かれた異分野間の対話と連携、そして時には摩擦や衝突があってこそ、卓越性はさらに高度な段階へと上昇していきます。価値や意味を単一の尺度で測ることができない異なるもの同士が、互いの差異と固有性を尊重しながらぶつかりあい、刺激を与えあうことが不可欠であり、そうした「多様性」を活力として、はじめて、総合大学としての卓越性が実現されていくのです。

一方、このようにして達成される卓越性は、異分野の成果を吸収することで新たな学知を生み出し、東京大学の知の多様性をさらに豊かなものにしていくことでしょう。文理を越えた複数分野の協働によって、これまで存在しなかった独創的な融合分野が生まれることもめずらしくありません。

こうして絶えず連動しながら学術を進化させていくダイナミックな「卓越性と多様性の相互連環」こそが、東京大学の教育研究の基本的な駆動力です。

東京大学は以上の理念に基づき、アジアの中心的な学術拠点として、また世界最先端の知的活動を担う場として、これまで果たしてきた役割を着実に受け継ぎ、二一世紀の地球社会に貢献する「知の協創の世界拠点」としての使命を担うべく、今後もいっそうの努力を重ねていきます。

ビジョン１（研究）
新たな価値創造に挑む学術の戦略的展開

東京大学は、これまでも一貫して教育研究の卓越性と多様性を重視してきました。「東京大学ビジョン二〇二〇」ではこの精神を受け継ぎながら、研究においては両者の相互連環をいっそう強く意識し、人間と世界のより透徹した理解を目指すとともに、それを通じて新たな価値創造に挑む学術を戦略的に展開します。

具体的には、文系・理系ともにすぐれた学術成果をこれまで以上に国内外に発信すると同時に、誰もが安心して研究に専念できる環境を整備していくことで、国籍・性別・年齢を問わず、いっそう多くのすぐれた人材を東京大学に引きつけます。そして集まった人々が分野や組織の枠を越えて切磋琢磨する機会を提供することで、さらに学術を高度化するとともに、学際的な研究を推進し、新たな価値創造を実現していきます。こうした「卓越性と多様性の相互連環」は、両者が緊密に連動しながらダイナミックに上昇していくという意味で、いわば「らせん運動」にもたとえられるものでしょう。

ビジョン2〈教育〉
基礎力の涵養と「知のプロフェッショナル」の育成

学部・大学院を通じて、東京大学の教育理念である「世界的視野をもった市民的エリート」〈東京大学憲章〉の養成を基本としつつ、公共的な視点から主体的に行動し新たな価値創造に挑む「知のプロフェッショナル」の育成をはかります。

特に学部教育では、自ら原理に立ち戻って考える力、粘り強く考え続ける力、そして自ら新しい発想を生み出す力という三つの基礎力を涵養します。また、学生の国際感覚を鍛えることによって、世界の多様な人々と共に生き、共に働く力を持った人材の育成にもいっそう力を入れていきます。

高度な専門性を養う大学院教育では、新しい価値創造の試みに果敢に挑戦するとともに、他分野や異文化との積極的な対話と協働を進め、その知見を主体的な行動によって社会にフィードバックできる人材を育成します。

また学部・大学院ともに教養教育をさらに重視し、卓越した専門性をそなえると同時に、多様な視点から自らの位置づけや役割を相対化することができ、謙虚でありながらも毅然として誇りに満ちた人間を育成します。

ビジョン3〈社会連携〉二一世紀の地球社会における公共性の構築

二一世紀の地球社会においては、大学の果たすべき社会的な役割がこれまでになく大きくなっています。それゆえ、東京大学も、「学問の自由」を堅持しながら社会における多様な利益の増進に貢献する責務を負っています。そしてそれは、何よりも日本と世界における真の「公共性」の構築と強化への貢献を通じて行われるべきものです。

「公共性」というとき、社会的・空間的な広がりにおけるそれだけでなく、歴史的・時間的な流れの中でのそれも視野に含めなければなりません。いまは善とされる行為であっても、未来の世代の幸福を阻害する可能性があるならば、慎重に検討される必要があるでしょう。一方、すぐには実現困難であったり、いまは評価されにくいようなことがらであっても、人類の未来に資することであれば、勇気をもって推し進めることが求められるでしょう。そのためには、東京大学の一四〇年におよぶ卓越した多様な学知の蓄積を十分に活用し、国境・文化・世代の壁を越えた協働関係を拡大していくことが必要です。東京大学は産学官民の緊密な連携をはかりつつ、その学術的成果を広く人類社会に還元していくことを目指します。

ビジョン4〈運営〉
複合的な「場」の充実と活性化

東京大学は、本郷・駒場・柏の三極及び白金台キャンパスや各地の施設・演習林など、具体的な現実の空間から構成されていると同時に、ＩＣＴの急速な発達によって、サイバー空間上にも活動の場を広げています。たとえば大学の象徴ともいえる図書館についても、現在、本郷キャンパスでは新図書館計画が進み、現実空間と仮想空間を有効に連動させた知のアーカイブが構築されつつあります。

一方、東京大学という「場」は、言うまでもなく、そこで活動する人々によって命を吹き込まれ、実体化されています。それは自立した個人の集合であると同時に、さまざまな集団や人的ネットワークの重層体であり、外部に開かれた流動性も有しています。

東京大学はこうした複合的な「場」を柔軟かつ機能的な管理運営によって活性化し、ハードとソフトの両面で充実させることによって、そこで展開される「卓越性と多様性の相互連環」をさらに加速するよう、不断の努力を重ねていきます。

アクション1〈研究〉

①国際的に卓越した研究拠点の拡充・創設

東京大学が強みを持ち世界をリードしている分野や、着実に継承すべき独自の分野をさらに伸ばすとともに、東京大学の枠を超えた共同研究や国際的な連携を推進し、分野融合型の新たな学知を世界に先駆けて創出するなど、国際的に卓越した研究拠点を拡充・創設する。

②人文社会科学分野のさらなる活性化

人文社会科学分野のすぐれた研究を積極的に

支援することでさらに活性化し、当該分野における東京大学の国際的な存在感を向上させる。

③ 学術の多様性を支える基盤の強化

東京大学が保持する学術資産のアーカイブを構築し、その公開と活用を促進することで、学術の多様性を支える基盤を強化する。

④ 研究時間の確保と教育研究活動の質向上

研究支援制度の充実や業務の効率化などを通じて、教員が研究に専念できる時間を確保するとともに、適切な教員評価を行い、教育研究活動の質をさらに向上させる。

⑤ 研究者雇用制度の改革

研究者雇用制度改革を進めて「研究する人生」の魅力を高め、国内外から多様ですぐれた人材を獲得する。

アクション2〈教育〉

① 学部教育改革の推進

初年次教育、習熟度別授業、新たな進学選択方式、体験活動プログラム等の学部教育改革を着実に推進する。

② 国際感覚を鍛える教育の充実

学生の眼を世界に開かせるカリキュラム構築を支援し、海外での修学を促進するとともに、教養学部英語コース（PEAK）、トライリンガル・プログラム（TLP）、グローバルリーダー育成プログラム（GLP）等のプログラムをさらに充実させる。

③ 国際卓越大学院の創設

「国際卓越大学院（WINGS、World-leading Innovative Graduate Study）」の創設等によって大学院教育を強化し、高度な「知のプロフェッショナル」たる博士人材を育成する。

④附置研究所等の教育機能の活用

多様な分野で展開される附置研究所・センター等の研究活動を通じた教育機能を活用し、高度な専門性を持つ研究者を育成する。

⑤学生の多様性拡大

高大連携を強化し、推薦入試等による入試改革を着実に進めるとともに、海外からの留学生等を積極的に受け入れ、学生の多様性を拡大する。

⑥教養教育のさらなる充実

学部前期課程の教養教育に加え、学部後期課程・大学院における後期教養教育を充実させ、専門的知見と幅広い視野を兼ねそなえた人材を育成する。

⑦東京大学独自の教育システムの世界発信

東京大学ならではのすぐれた教育システムを標準モデルとして体系化し、これを世界へ発信する。

⑧学生の主体的活動の支援

スポーツ・文化活動・国際交流等、学生の様々な主体的取組が、学業とあいまって人間的成長に資するよう、支援を進める。

アクション3〔社会連携〕

①学術成果の社会への還元

人類の幸福と安定的発展に資するため、防災や医療等、諸分野における研究を幅広く推進し、その学術成果を積極的に社会に還元する。

②産学官民協働拠点の形成

学術成果を踏まえた新たな価値創造を推進し、これを広く社会に展開するため、産学官民の連携による協働拠点を形成するとともに、これを担うすぐれた人材を育成する。

③ 学術成果を活用した起業の促進

関連する研究機関や民間企業、政府等と有機的に連携してイノベーション・エコシステムを充実させ、東京大学の学術成果を活用した起業を促進する。

④ 国際広報の改善と強化

国際広報の仕組みを抜本的に改善・強化し、東京大学の多様な学術資源や教育成果の価値を可視化して世界に発信する。

⑤ 教育機能の社会への展開

東京大学公開講座や東京大学エグゼクティブ・マネジメント・プログラム（ＥＭＰ）等、教育機能の社会的展開をさらに推進する。

アクション４（運営）

① 機動的な運営体制の確立

本部と部局の役割の明確化と意思疎通の緊密化を図り、「現場との対話」を基軸に据えて機動的な運営体制を確立する。

② 基盤的な教育・研究経費の確保

基盤的な教育・研究経費を確保するため、財源の多元化と経営資源の拡大を促進する。特に、限られた資源を有効活用するため、東京大学の活力を最大限発揮できる戦略的な資源再配分システムを構築する。併せて、光熱水料やスペース等については、競争的研究費の活用等、適切な経費を充てることを徹底する。

③ 構成員の多様化による組織の活性化

男女共同参画やバリアフリー等の推進を通じて構成員の多様性を拡大するとともに、専門職も含めた効果的な教職協働を促進し、東京大学の活力を最大限に発揮できるよう組織の活性化を図る。

④ 卒業生・支援者ネットワークの充実

卒業生や支援者のネットワークを充実させ、大学との連携・協力を強化する。

⑤ **世界最高の教育研究を支える環境の整備**

「世界最高の学びの舞台」にふさわしい場を実現するため、持続可能性を有し、価値創造と教育研究の社会展開を可能とするような環境の整備・施設の運営を行う。

⑥ **三極構造を基盤とした連携の強化**

駒場・本郷・柏の三極を中心としつつ、東京大学が所有するさまざまな組織や施設の連携を強化し、人的交流や協力関係を活性化する。

対談②

五神真・岩井克人
「無形の価値」がつむぐ未来

写真上が五神真氏、下が岩井克人氏
オンライン対談のスクリーンショット

五神　東京大学経済学部創立百周年記念式典での岩井先生(一)のご講演「経済学を学ぶことの幸運、日本で経済学を学ぶことの使命」（『経友』二〇二〇年二月号所収）は、経済学を学んだことのない私にとっても、とても意義深いお話でした。資本主義の多様性を経済学者として研究し、未来の資本主義研究へとつないでいく使命について語られたことにも、感銘を受けました。先生はまた、『一橋ビジネスレビュー』（Winter 二〇二〇）の特集論文「会社の新しい形を求めて」で企業が社会的責任を追求することについて論じられていますが、その内容は、まさに私が東大の改革の柱としてきた「社会をより良い方向に変革するための駆動力となる大学を創りたい」という思いと合致すると感じています。

私は実験物理学の研究者ですが、今時としては、少し珍しい経歴の持ち主ではないかと思います。一九七六（昭和五一）年に東京大学に入学し、七八年に学部の後期課程で本郷キャンパスに進学してから、所属は基本的にずっと東大本郷キャンパスなのです。助手時代までは理学部でしたが、その後工学部に移り、二二年間を工学部で過ごしました。

二〇一〇年に、かつての同僚から理学部に戻らないかと声をかけられ、やり残した研究があると感じていたので、理学部で定年までの残り一〇年間、腰を落ち着けて取り組もうと一大決心をして異動したのです。その矢先に理学部長となり、

(一)　岩井克人（いわい かつひと）　一九四七年東京都生まれ。六九年東京大学経済学部卒業後、渡米。七二年マサチューセッツ工科大学にてPh.D.（経済学）取得。イェール大学経済学部助教授、プリンストン大学客員准教授、ペンシルベニア大学客員教授、東京大学経済学部教授などを歴任。二〇〇九年ベオグラード大学名誉博士号、一六年文化功労者を授与される。現在、日本学士院会員、東京大学名誉教授、国際基督教大学特別招聘教授。

そして総長に就任したのです。研究に心を残していながらも総長になった背景には、当時抱き始めていた危機感がありました。

私は工学部での二二年間、学生たちにマンツーマンの指導をしてきました。ほとんどが学年でもトップクラスの優秀な学生たちで、一緒に実験をしたり議論したりするのはとても楽しかった。研究室を巣立ったのは約一〇〇人、うち七〇人ほどが産業界にいて、今も折に触れて相談を受けますし、私が教えてもらうことも多くあります。なかでも現在極めて重要な局面に入った日本の半導体戦略についての最先端の知恵は、もっぱらかつての教え子たちから仕入れています。何百時間も研究を共に行い、互いに信頼していますので、いつもよい情報を届けてくれるのです。

そうした交流を続けるなかで、ここ一〇年ほど、ある状況が目につくようになりました。あれほど優秀で、今まさに働き盛りであるはずの卒業生たちが、どうも産業界で十分に活躍できていないようなのです。何かがおかしくなっているな、と思いました。GAFAの台頭が顕著になるなか、日本は自らの資源をうまく活かせていないのではないか、これは誰かが何とかしなくてはいけない、と漠然と思っていたちょうどそのとき、総長就任という機会がやってきたのです。

おかしなことになっていると思った原因は、デジタル技術の急速な発展により、社会が大きく変わってきていたことと関係があるように思いました。

一九九〇年代初めに草の根的に普及したインターネットは、その後のさまざまな技術革新を経て、劇的に世の中を変えていきました。比較的近い領域の研究者として一つひとつの新技術の誕生とそれらが社会を劇的に変えていく様子を追いかけることができました。そして、それを見ながら、日本の産業構造や法制度、行政の仕組みには、新しいものを取り込んで社会に実装していくには不都合な部分が多く、そのせいで日本が力を発揮できなくなっているのではないかと考えるようになりました。

日本は第二次世界大戦後、産業の中心を第一次産業から第二次産業に転換し、モノづくりで大量生産・大量消費、オートメーションと品質管理に基づく新しい生産モデルを生みだし、経済成長を果たしました。しかし、第三次産業ではその生産性をなかなか上げることができませんでした。総長に就任した二〇一五年当時、第二次産業から第三次産業に転換すべきという議論が盛んに行われていました。しかし私は、社会変化のこれまでにないスピードと、日本が培ってきた第二次産業における強み、そして何より産業界に送り出した教え子たちのことを考えると、過去の蓄積をないがしろにしてサービス業に勝負をかけるという転換は、まったく合理的でないと思っていました。

私は長年、モノづくりの基礎を支える教育を行ってきたと自負しています。モノが価値を持った時代には、そのモノがいかに性能が高いかに価値の中心が置かれていました。一方、これからの知識集約型の社会では、知識や情報、サービスそのものに価値の中心が移ります。とはいえ、人間はやはり現実世界に生きています。そうした価値を実現するのにもモノの存在は不可欠ですし、私が育ててきたような優秀な人材の多くは、モノづくりのところにいるのです。そこを踏まえずに転換の道筋を誤り、モノはすべて不要というような話になってしまっては困る、と思っていたのです。

総長就任後初めての卒業式（二〇一五年度）で、宇沢弘文先生の「社会的共通資本」の話をしたことがきっかけで宇沢家との交流が始まり、宇沢邸に来られたジョセフ・E・スティグリッツ先生との議論の機会をいただきました。そこでスティグリッツ先生に「社会や経済を良くするにはどうすればいいのか」と尋ねると、「市場を良くすることだ」とお答えになった。市場を良くするために、大学に何ができるのでしょうか。

総長就任後の二〇一六年度後半からは官邸で行われていた未来投資会議の民間議員となりました。ほぼ欠かさず出席しましたが、その初期には、さまざまな「スマート〇〇」がテーマとなっていました。たとえば「スマート農業」です。

農業の生産性を向上させるには大規模化と機械化が必要です。これは広大な田畑では有効ですが、小さな畑が散在しているような地域では導入が難しかった。しかしさまざまなデータを上手に活用すれば、そのような地域でも生産性を格段に向上させることができるというのです。私の専門分野で言えば、3Dプリンタも同様です。オンデマンドの単品生産は、かつては効率が非常に悪く高コストでしたが、3Dプリンタを使えば低コスト、高品質でできるようになります。

「スマート化」は、大量消費・大量生産時代に切り捨てられてきた個性を尊重できる社会の実現に向けて大きな力となります。そして、「スマート化」にまつわる変革は、第一次、第二次、第三次と全産業にわたって起きています。その結果として、経済構造自体がパラダイムシフトしつつある。そう感じたのです。

そうした時代の感触が明確になってくるなかで、国からは「国立大学も運営費交付金に依存するのではなく、経営をするように」という通知が来ました。国立大学はご存知のように、国からの運営費交付金によって国から負託された役割を果たすというのが第一の役割です。この仕組みのなかでは、総長がいくら頑張って改革をしたところで、自由に使える経営資源が生まれるわけではありません。

しかし、経済が資本集約型から知識集約型にパラダイムシフトすれば、知識や情報の創造を本業とする大学は価値を生み出す中心地になるはずです。そこで私は「東大自らが経営体になるのだ」と宣言し、さまざまな改革を進めました。かなりの大改革を進めるなかで、違和感を覚えた学内構成員も少なからずいたのではないかと思いますが、各部局教授会を訪問するなどして繰り返し対話を行った結果、大きな反発なく改革を進めることができました。なんといっても難しかったのは経営資源の作り方でしたが、試行錯誤の上、市場と健全な対話をするための仕組みとして考えうる最良の方策として、長期債券の発行まで実行できたのは幸いでした。

デジタル革新は、正しく使えば日本がSociety 5.0と呼んでいる、インクルーシブで多様性を尊重する社会に向かわせることができるはずです。しかし実際には、データプラットフォーマーによるデータの独占化が進み、また一人当たりのエネルギー消費量が急速に増加して地球環境を脅かしています。相当な戦略と決意がなければ、Society 5.0に向かっていくことはできません。

先日、岩井先生も日本経済新聞の記事（二〇二一年一月四日朝刊）で指摘されていたように、コロナ禍でデジタル革新のもう一つの危険性が露呈されていると思います。新型コロナウイルスの感染を拡大させるのは、人間の行動です。人間の行動を映し出すデータをうまく使うことで行動変容を起こさせようという各国の戦略は、インクルーシブな社会を実現するための努力と通じるところがあります。

しかし、一方で、人びとの行動を強い権力で制御した国のほうが、感染を抑制できているということも事実です。個人の自由が制限されても、平均賃金が上がり、感染も抑制されるのなら、そちらのほうがいいと考える人びとは日本においても出てきています。データ独占だけでなく、このようなデータ監視社会に陥る可能性も十分あります。我々はいまや、二つの谷の間の細い尾根を歩いていかなくてはならない状況にあるのです。

量子コンピュータを含め、さまざまな先端技術によって社会を革新するためには、技術だけではなく、法整備などの社会システム、多くの人が参加したいと思うような経済メカニズム、この三つを組み合わせてバランスよく進んでいく必要があります。ただし、この三者だけでは「良い」方向に向かうという価値付けが不足しています。良い社会に向かうためには、倫理や哲学なども踏まえた高い次元の価値を並行して追求していく必要があります。東大はそのすべてをさまざまな側面から支える場所にならなくてはならないし、東大にはそれを担う能力があります。

二〇一六年、東大がＳＤＧｓを活用することを表明し始めた頃、日本の産業界のまなざしは非常に冷ややかでした。しかしその後、経団連は企業行動憲章にＳＤＧｓを取り入れ、産業界の方もこぞってＳＤＧｓのバッジをつけるようになっています。同じビジョンを共有する人たちが産業界にも増えてきたのです。

未来投資会議などの場で経団連の中西宏明会長と頻繁に議論を重ねるなかでも、やはり知識集約型社会への移行が不可欠ということで一致しました。今、大学がこんなに苦しんでいるのは、大学がより良い未来社会を実現するうえで経済的にも価値の高い成果を生み出し続けているにもかかわらず、それらが無形であるゆえに価値が適切に評価されてこなかったからでした。もしこのパラダイムシフトをきっかけに無形の価値が適切に評価されるようになれば、大学の活動は社会の資金循環の流れの中にしっかり入ることができるはずです。

一方、現在の状況を見ると、インターネット広告など、現行ルールの下でも値段がついている無形のものを非常に賢く活用した人たちが大きな利益を得ています。草の根的に発展してきたインターネットを活用する新しい形態の経済発展は、アメリカやイギリスのような判例法、ソフトロー重視の文化との整合性・親和性が高いと言えるかもしれません。とくに日本は行政の厳格な先例主義とも相まって、ハードロー文化が徹底しており、知識集約型社会への急転換に対応できる体制になっていないのです。

最近、グリーンリカバリーやカーボンニュートラルが話題ですが、ここでまた問題が起きています。例えば二〇二〇年夏、Apple が二〇三〇年までにカーボンニュートラルの完全達成を目指すと宣言しました。これ自体は非常に歓迎すべきことですが、事態はそう簡単ではありません。メガテック企業がカーボンニュートラルを奇貨として、さらに市場支配力を増す可能性もあるのです。カーボンニュートラルを実現するには技術的に相当の工夫が不可欠なのはもちろんですが、実際にその努力を担うのは日本にも多数ある部品メーカーです。彼らの努力が経済的にきちんと評価されるのであればいいのですが、最終製品メーカーだけがその努力の成果をかすめ取るような構図になってしまうのは、フェアではありません。

これは一例ですが、もっとフェアな経済社会システムをどうしたら作れるか。いま、東大のグローバル・コモンズ・センターでは、サイバーとフィジカルを一体として考えたグローバル・コモンズを育てようと、真剣に取り組んでいるところです。これはエネルギーの話だけではありません。サーキュラーエコノミーや食料問題など、地球環境保全の際に考慮すべき要素はさまざまあります。それらをリンクさせながら、国や企業、個人の行動を評価する指標づくりに取り組んでいます。さまざまな要素を組み合わせることにより、それぞれの特長を評価できるようにして、パリ協定離脱のような事態を防ぐ、ユニバーサルな指標を目指します。

人びとを行動変容へと導こうとするときに頼りになるのはデータですが、そのデータは信頼できるものでないといけません。しかし、データを持つサイバー空間はフェイクニュースであふれていたり、サイバーテロの危険があったりと、荒れ果ててしまっているのが現状です。また、正確なデータを整備して誰もが使える形で提供するというのは、かなり労力のいる仕事ですから、そこへの評価もしっかり加える必要があります。サイバー空間とフィジカル空間の両方で、みんなが自由意志の下でよりよい選択をすることによって、社会が良くなっていく仕組みをつくるのです。

そのためには、各データの持つ意味を分析する専門知識も、データシェアの仕組みも、全世界的な信用を得るための経済ツールも必要になってきます。東大が有するあらゆる知恵を総動員して、その仕組みづくりを行おう、とのろしを上げたところで、私の総長としての任期は終わりを迎えます。

これが物理学者の妄想のままで終わらないよう、経済学者の視点からのご意見もいただきたく、このタイミングでぜひ岩井先生とお話ができればと思った次第です。

価値の源はモノから人間へ

岩井　今のお話には、正直、感銘を受けました。二〇一七年にまとめられた「地球と人類社会の未来に貢献する知の協創の世界拠点の形成」という東大の構想。昨年二〇二〇年に実施された「大学債」の発行。その背後に、私の予想をはるかに超えた緻密な構想がおありになったのですね。

二〇世紀後半以降、従来のモノづくりの社会から、情報・知識の社会へと大きく転換したというのは、まったく同意見です。この認識から出発するのは非常に大切だと思います。私が東大経済学部で経済学の講義を受けていたのは一九六〇年代後半でしたが、その頃はまさしくモノづくりの時代であり、私自身、資本主義＝産業資本主義という古いパラダイムに浸かっていました。それが突然、資本主義のみならず社会全体のパラダイムの大転換の中に生きるようになった。その新しい資本主義をなんとか理論化しようとしましたが、それは大変であったとともに、知的には大いに刺激的な経験でもありました。

五神先生は私より少し若い世代ですが、同様の感触をお持ちなのだと思います。五神先生の場合は、モノづくりにおける最先端の研究を続けてこられたということもあります。ただ、知識や情報中心の経済や社会をどう考え、どう価値づけるかは、本当に難しい問題です。

知識や情報の価値には、二つの側面があります。一つは、社会的な価値、もう一つは市場価値です。知識や情報は、基本的には全員が共有できるいわば公共財です。人びとはこの公共財としての知識や情報に基づいて、例えば地球温暖化などの社会全体にかかわる問題に対して、多くの人びとが共同してその解決策を導き出すことが可能になります。そのような社会に開かれた公共財としての知識や情報は、まさに社会にとって大きな価値を持ちます。大学は、そのような社会的価値としての知識や情報の最も重要な供給源としての役割を伝統的に果たしてきました。

ところが、なぜ知識や情報が誰もが同時に共有できる公共財なのかというと、それはモノと違い、本物とコピーとの区別が存在しないからです。そして、このことは知識や情報それ自体の市場価値、企業から見た価値は、ゼロだということです。なぜならば、利潤動機で活動する企業にとって価値あるものは、他と違うということ、その差異にしかありません。他と同じものをつくっても、市場においては利潤を生みだしてくれません。利潤とは収入と費用との差額ですから、費用を収入より下げるか、収入を費用より上げなければならない。そのためには、他よりも効率的な技術を導入するとか、他の製品よりも魅力的な製品を作るとか、まだ誰も参入していない市場を開拓することが必要になります。しかも、それだけではダメです。せっかく他と違う技術や製品や市場を開発しても、他の企業が模倣に成功すれば、利潤が稼げなくなる。したがって、企業はたえず新しい技術、新しい製品、新しい市場を開発し続けなければなりません。それが、ジョセフ・シュンペーターのいう「イノベーション」です。知識や情報の市場価値とは、まさにその新しさにしかないのです。

東大が経営体として社会を動かしていこうとするとき、その中核にはまさに五神先生がおっしゃる知識や情報があるわけですが、その社会的な価値と市場的な価値とのギャップをどうするかが鍵になると思います。

市場価値を確保するには、新しいものを作り、出し続けなくてはいけない。そしてそれができるのは人間しかいません。最近のＡＩの学習プロセスはどんどん進化しているのでやや怪しくなってはいますが、基本的に機械にそれはできません。これが資本主義に大きな転換をもたらしています。従来のモノづくりにおける主人は機械や設備でしたが、それが人間へとシフトしたと言えるからです。そして、モノづくりの社会から知識・情報を中心とする社会への転換は、同時にもう一段大きな転換を生んでいるのです。大量生産を可能にする機械制工場それ自体もモノですから、モノが価値や利益を生む時代から、新しい知識や情報を生みだす力を持った人間が利益を生み出す時代へと移っているのです。

ここで、重要なことは、モノは市場で売り買いできますが、人間は売り買いできないということです。ただし、人間が生みだす知識や情報も、人間の頭から離れてソフトウェアになったり、パテントになった瞬間、モノと同じになり、市場で売り買いできてしまいます。つまり、脳のはたらきがものを言う潜在能力としての知識や熟練した身体の動きといった、人間の頭脳や身体から切り離せないものに、市場価値の最大の源泉が移り始めている。このように、資本主義においてさえ、モノから人間へと価値の源が移り始めているのが現代だとしたら、それこそが、東大のような豊かな人材を擁する大学が存在意義を見出せる一番の場所ではないでしょうか。

この、価値の源が人間に移ったというのは非常におもしろい意味を持ちます。というのも、それはすなわちお金の価値が弱まっているということだからです。

一八世紀後半に始まった、イギリスの産業革命を出発点とする産業資本主義では、機械制工場さえ確保できれば、労働者を安い賃金で大勢雇い、大量生産をすることができ、利潤を出すことができました。その時代はお金が主人でした。なぜならば、機械制工場はお金で買えるからです。ところが、ポスト産業資本主義の時代、あるいは五神先生のおっしゃるSociety 5.0、第四次産業革命以降になると、知識・情報が社会の中心となり、その知識や情報を生みだせる人間が価値をつくる時代になりました。ここで重要なことは、価値の源となる人間がお金では買えないということです。

世間的にはお金がどんどん強くなっているから、世界中をぐるぐる動きまわっているように見えますが、実際には逆です。お金の価値は弱まっているので、お金はぐるぐる動かざるを得なくなったというほうが正しい。産業資本主義における利潤の源泉であった機械制工場はモノですから、お金で買えます。それから、ポスト産業資本主義時代においても、人間から切り離されたパテントや商標、ブランドはお金で買えます。だが、人間はモノではありません。奴隷社会でない限り、人間はお金では買えない。ということは、最先端企業が最も重視している「人間の潜在能力」は、人間それ自体から切り離せないので、お金で買えません。

もはやGMやGE、スタンダード・オイルの株にお金を投資しておけば何もしなくても利益が得られる時代ではなくなったのです。そこで金融市場は慌ててグローバル化を進め、まだ産業資本主義が機能していて労働力の安い発展途上国にお金を流したり、さまざまな金融派生商品を通して小さな違いを一生懸命つくり、利鞘を稼いできた。これが金融改革と言われるものの本質です。ポスト産業資本主義に突入した先進資本主義国では、お金の力が急速に弱まってきているのです。

もちろん、大きなお金を積めば、大多数の人は喜んで働いてくれるでしょう。でも、それだけでは、違いを生みだす革新的な仕事はしてくれません。ではどうしたら革新的な仕事をしてくれる人材を確保できるのか。ここで、お金の力が弱まったことのさらなる展開があります。人びとは、少なくとも先進国の人びとは、お金で買えない何かを求め始めているのです。創造性を持った人間は、とりわけそうです。そういう人たちが求めているのは、自由な時間や文化的な環境、社会的な尊敬や同じ価値観を共有する良い仲間といった、お金で買えない何かなのです。お金で買えないものが、お金で買えないからこそ価値を持つという逆説が生まれています。すなわち、お金で買えないものをいかに提供できるかが、よい人材を確保する条件にもなってきているのです。

そうした時代の趨勢は、五神先生が推進してこられた東大の変革にも対応していると感じます。

例えば、Google（現在はAlphabetの子会社）はポスト産業資本主義時代で最も成功している会社の一つです。そのホームページを開くと、「世界中の情報を整理し、世界中の人々がアクセスして使えるようにすること」を会社の使命として掲げており、会社の社会的責任（CSR）の教科書のような内容です。しかも、従業員に対して、有名な「二〇％ルール」を与え、働く時間の二〇パーセントを短期的には会社の利益につながらなくても自分にとって面白いプロジェクトに使うことを奨励していますし、オフィスには遊園地と見紛う文化施設も備えています。そのようにお金で買えないものを提供することで、従業員が社内で潜在能力を十分に発揮できるようにしているのです。建前だけかもしれませんが、このように資本主義的であることを否定している企業が、結果的に資本主義の中で最も成功している企業になっているという逆説が生まれているのです。

実は近年、優秀な人材がＮＰＯ的な団体に移りつつあります。まさにお金で買えないものを求めているからです。このようなＮＰＯのあり方は、五神先生がお考えになっている、経営体としての東大と非常によく似ていると思います。ＮＰＯの Non-Profit、あるいは日本語での非営利団体の「非営利」を利潤を生んではいけないという意味だと誤解する人が多いのですが、利潤を生んでも何の問題もありません。「非営利」とは、利潤を配分してはいけないという意味なのです。実際には赤字のことが多いので多くは寄付に頼らざるを得ませんが、もし利潤が出たとしても、寄付者に配当したり、役員や従業員にボーナスを出すのではなく、社会的使命のさらなる貢献、拡張に使う。これが非営利の大原則です。

ミルトン・フリードマンはかつて、企業の唯一の社会的責任は利潤を最大化することだと言いました。お金の力が強かった産業資本主義時代には一定の正当性のあったこの考え方は、ポスト産業資本主義社会では通用しません。Googleを例にしましたが、営利企業の少なくとも一部はＮＰＯに近くなり、一部のＮＰＯは利益を追求しています。利潤を配分するかしないかが、両者の境界線であるのです。このように営利企業と、そうでないＮＰＯとの間に、連続的な空間ができつつあるのが、今の状況です。

資本主義の形が大きく変わるなか、従来では考えられなかったような空間が広がり、そこに五神先生が考える「経営体としての東大」はうまく入り込んだと思います。

東大を「活かす」

五神　文部科学大臣から「国立大学法人を経営体にする」と言われたものの、具体的なイメージがなく、そうなるための具体的資源も与えられないなかで、どちらに向かえばいいのかと考えたときに参考になったのが、ダボス会議でもすでに語られていた「インクルーシブネスを追求する」という、新たな成長の方向性でした。インクルーシブネスを追求することによって、経済活動は停滞するのではなくむしろ成長するという考え方は、民主的な近代社会の形を維持しながら、みんなが意欲的に活動できる形での大学経営を考えるうえで、必要なことだろうと思っていました。

今後は民間企業もインクルーシブな社会を追求したり、地球のサステナビリティに貢献する方向に向かったりすることは十分あり得ますし、投資家もその重要性を加味した判断をしていくだろう。そうなれば資金の循環が生まれるという意味での成長があるはずだと思ったのです。

その一方で、岩井先生がおっしゃったように、大学が経営体になる場合には、NPO的なモデルが最も近いだろうとも思いました。大学自体が利益を追求する必要はないけれど、社会で存在感を示すためには、意欲的な活動を喚起し続け、成長し続けられるメカニズムがなくてはなりません。NPOも、その仕事の重要性に鑑みれば、より大きく成長させていくべきであり、それは許されてもいます。ところが日本では、NPOといえばボランティア活動のようにみなされていて、高い能力が必要な大きな事業を任されていても、報酬は非常に低く見積もられています。利潤配分を許さないというのとは違う次元で、非営利セクターが成長していくことに対する社会の理解を得ていく必要もあると思います。

岩井先生が指摘されたように、お金の価値が弱まり、その意味が変化してきたなかで、新しい経済モデルの構築が急がれています。知識集約型の経済を、株式会社モデルだけで支えることには無理があります。非営利の人たちがある程度の部分を担うような形で経済を回していくことが必要です。日本において最初にそのモデルを規模感を持って提示できるのは東大しかないのではないか、と私は思ったのです。

東大が先陣を切ることで、同様の形で成長を求めながら大規模な経済を支えるセクターが増えてくればいい。「大学が社会変革を駆動する」と言ったのは、そういう思いがあったからです。

日本という特殊環境においては、そのような方向で考えるしかなかった、というのが実情なのですが、そうした私の発想を海外の大学学長や研究支援財団の理事長などにお話しすると、「そういう大学の経営モデルは聞いたことがないし、すばらしい」と感心していただくことが多いのです。ある財団など、「感銘を受けた」と、一千万ドルの基金をくださったほどです。これは今の経済メカニズムを修正していくときの、新しいルートになると確信しました。

それに関連して、日本の実情を垣間見る象徴的な出来事がありました。東大の経営協議会メンバーの半数は外部の方で、民間企業の経営層の方も多いのですが、あるとき、「これから大学を『経営』していこうとしている経営陣の報酬がこれではおかしい」と議論になったのです。私の給料が相対的に安すぎると思われたのでしょう。しかし、議論の結果、やはり給料は上げられないという結論に落ち着きました。私は今の給与を安すぎるとは思いませんが、議論が長引きなかなか決着がつかなかったのは、経営体としての大学が、社会全体の経済活動のどこに位置付けられるのか、ということが定まっていなかったからだと思います。経済メカニズムを変えていく際には、これらのことが一つずつ定義されていく必要があると思います。

岩井　従来、日本ではボランティアのイメージがあったＮＰＯへの認識は、最近では諸外国の影響もあり、徐々に改まってきたと感じています。Google のような資本主義的企業とＮＰＯの境が見えなくなってしまった今、その間を人材が動きうることが重要なのですね。ＮＰＯから民間企業にも移れるし、民間企業からＮＰＯに移るということが海外ではすでに起き始めています。日本はまだ意識がそこに追いついていません。その意味で、東大総長の給料も上げてもらったほうがよかったと思いますが、東大が一つのモデルを提供したというのは非常に重要だと思います。

しかも東大は国立大学法人です。この国立大学法人化は、そもそもは政府が財政負担を減らすために行った措置であり、運営費交付金を減らし続ける仕組みにしてしまいました。そのこと自体は、私は大問題だと思っています。でも、嘆いているだけでは仕方がありません。大学はこれを強みにする必要があると思います。

国立大学の法人化により、少なくとも仕組み上は、国立大学もある程度利益を上げることができるようになりました。同時に、大学の規模や病院の有無にもよりますが、三分の一程度は、国からの運営費が交付されます。国家が後ろにいるということは、ある意味では国家がリスクを保証してくれているということでもあり、これは強みとして利用すべきだと思います。そして債券の発行というのは、法人であればこそできることです。国立大学法人とは、その意味で非常に恵まれたポジションであり、これを使わない手はありません。国立大学法人であることを活かして、単なるＮＰＯモデルではなく、東大が率先して自らの位置付けを考えていくべきだと思います。

未来の人たちへの橋渡し

五神　資本主義や民主主義自体は、今後も追求をし続けるべき方向性だと思いますが、大事なのはそこでどう新しい価値付けを行っていくかです。私もGoogleやAppleの本社を見学したことがあり、みんなが本当に楽しそうに仕事をしているなと思ったものですが、これらの企業は、形のあるモノが資本主義経済を支えていた時代のルールを、無形のものに非常にうまく応用し、そのゲームに乗ってマネタイズに成功したように思えます。そして、生み出された価値が無形であるゆえに、信じられないほど巨大な独占を許してしまった。使い方によっては、社会的使命を前面に出すこともできるかもしれませんが、私にはこれが求めるべき資本主義の未来、最終形とは思えません。優秀な頭脳を持つ人たちが集まり、過渡期をうまく利用しているように見えるのです。

Appleがカーボンニュートラル宣言をして企業イメージを上げる一方で、必死に努力をしている日本の部品メーカーが安く買い叩かれるような状況は、フェアではありません。そうならないメカニズムを、どう作っていくのか。これは、東大でこれから経済学を勉強しようという人にとっては、人生をかけて取り組むべきワクワクするほどのミッションになりうると思います。大金持ちになるというのではない、新しい知を生み出すことで得られる喜びこそを、大学の活動を牽引する力にしていきたいのです。

従来のように運営費交付金だけを資金源にしていくのではなく、大学自らが成長する資金循環メカニズムを構築したうえで、そうした真に新しい知的活動を実現していく。その結果、新しい価値観で動くプレイヤーが増え、ひいては現在の経済学自体が修正されていけばよいと思います。これは本当にワクワクする課題ではないでしょうか。私がもし三〇歳若かったら、そのために経済学部に入ってもいいと思うくらいです。

岩井　私はインターネットをその黎明期から使い始めましたが、当時はインターネットというのは、誰もが簡単に同じ情報にアクセスできる開かれたコミュニケーションの空間として人びとに夢を提供していました。経済学では、これで新古典派経済学が想定した「完全競争市場」に近づいていくだろうと言われましたし、民主主義の面でも、インターネットによって世界の民主化が急速に進むだろうと言われ、実際、アラブの春はその典型例だと思われた。そのバラ色の未来をみんなが夢見たのです。

ところが実際に起きたのは、一方ではGAFAの出現、他方では情報統制国家でした。考えてみると、インターネットは有名な「六次の隔たり（Six Degrees of Separation）」、つまりすべての人は六ステップ以内でつながっていて、知人のつながりをたどっていくと六回以内で世界の誰とでもつながることができるという仮説そのものです。それだけでなぜ誰にでもたどり着くのかというと、それはネットワークが基本的にハブ構造になるからです。場合によってはハブ構造が何層にも積み重なる。つまり、インターネットは決して平等でも民主的でも、完全競争的でもなく、そもそもが独占的、寡占的な傾向を持っています。

そして、このハブ構造のハブ、つまりプラットフォームを最初に摑んだのがGAFAだったのです。彼らはそのプラットフォームを握ったことによって、多くの人がそれを利用し、それがさらにプラットフォーム化を進めることになりました。一方で政府がインターネットのプラットフォームを握ることによって、強権的な情報統制を行う国も出てきました。

つまりデジタルトランスフォーメーションとは、資本主義と民主主義にとって非常に危険な二つの奈落を深く掘り下げるような構造になっています。まずこのことを出発点として考えて、二つの奈落のどちらでもない方向を考えていく道筋において、経営体としての東大に何ができるのでしょうか。

私はそこで重要になってくるのが、やはり人材だと思っています。若い人たちに力をつけてもらい、社会に出て活躍してもらうことです。

シュンペーターやケインズによると、資本主義の最大のメリットは、お金を借りる仕組みにある。この世界には、一方にお金はあるけれどアイデアがない人がいて、他方にはアイデアはあるけれどお金がない人がいる。この両者をつないで、未来の世代のために新しいアイデアを実現させるのが金融の基本です。このなかに、もちろん債券も含まれます。五神先生がリーダーシップを発揮して発行されたのは、アイデアを生み出す可能性のある人や、今あるアイデアを継承する人に対してファイナンスを与えるという、社会的価値のある債券なのです。東大が今新しいものを生み出しているというイメージを打ち出すことも重要ですが、可能性のある未来の人たちへの橋渡しをすることも非常に重要で、それこそが今回の債券発行だったのだと思います。

五神　最後に非常に重要な示唆をいただきました。東大が能動的に社会を変えていくというメッセージを打ち出すなかで、未来と現在をつなぐ仕組みとして編み出した方法が債券発行であり、そこに本質的な意義がある——総長退任のタイミングで岩井先生にそう言っていただけたことは、今後への大きな励みになると思います。ありがとうございました。

（二〇二一年一月二六日、オンラインで収録）

おわりに

私は総長任期の六年間を通じて、東大を「社会変革を駆動する」「自立した経営体」にするための改革に挑戦してきました。このビジョンは、独自性の高いメッセージと評価していただく一方で、策定した当初は大風呂敷に過ぎるとの懸念を抱かれることもありました。しかし、それから六年がたった今、挑戦の成果も生まれつつあると実感しています。このビジョンのもとでの私たちの努力は、幅広く社会から、共感を得つつあると感じています。債券発行に際して発行額の六倍以上のオーダーが掛かったことはその好例です。グローバル・コモンズ・センター設立にあたっても、海外の識者から「大学でこのような取り組みを行うのは実にユニークだ」と評価していただきました。

現代の社会において大学の果たすべき役割は拡大しています。そこで重要なことは、大学は真理の探求以外にはなんの制約もしがらみもない、自由で安全な場であるということです。第3章で紹介した「東京フォーラム」は、各界の識者が難しい課題についても本音で議論できて、それを市民に公開できる貴重な場となっています。変化が激しく対立が厳しい時代にこうしたイベントを開催できることは、大学という存在の重要な役割の一つです。

また現代は、新しい知恵を創り出しつつ、次々と生まれる課題の解決が求められる時代でもあります。そこでは、一を一〇にすることで満足するのではなく、「ゼロから一をつくる」ところで勝負しなければなりません。それに備えるには、いわば「多様なゼロ」を豊かに貯え、あるいは可能性として育んでおくことが重要です。世界には多くの学知が存在しますが、日本の大学だけが保ち育ててきた研究領域も少なくありません。日本が固有に発展させてきた学問文化を高度な水準でしっかりと守ることは、グローバルな知の多様性を手堅く豊かに保つために大変重要です。知の多様性は、人類全体の幸福にとっての強固な基盤となります。東大を含む日本の大学には、自分たちの学問への矜持を持ち、それを高める責任があるのです。

この六年間は私のこれまでの人生のなかで、最も贅沢な期間であったと感じています。東大の舵取りが大変な難事業であることは間違いありませんが、多くの優秀な仲間が、惜しみなく協力してくださいました。そこで私が学んだこと、得たことは，学生時代と比べてもまことに密度の濃いものでした。

本書の執筆にあたっても、多くの方々にご協力をいただきました。東大理事・副学長の藤井輝夫先生、東大名誉教授の岩井克人先生には、それぞれお忙しいなかで対談のためにお時間を取っていただきました。東大理事・副学長の白波瀬佐和子先生には、本書の企画と全般的な構成を考えていただきました。出版については東京大学出版会の黒田拓也さんにお世話になりました。原稿の執筆・調整にあたっては、高松夕佳さん、東大の石井菜穂子理事、佐藤健二大学執行役・副学長、坂田一郎副学長、黒田忠広工学系研究科教授、総長秘書室の大久保伸一課長、鵜川健也さん、小野里拓さん、増田拓朗さんに尽力いただきました。また、お一人お一人のお名前を挙げることはできませんが、東大改革のためのさまざまな施策について日々議論を重ねてくださった歴代執行部の方々、研究・教育を通じて常に新たな価値を創り出してくださっている先生方、そして東大の経営をいつも支えてくださっている事務職員のみなさんにも、あらためて御礼を申し上げます。

この六年間、私は総長として、卒業式・学位記授与式の告辞では、「卒業は大学との別れではありません。新たな協働の始まりです」と毎回、巣立っていく学生たちに語ってきました。東大総長としての任期はまもなく終わりますが、これからも、東大が「世界の公共性に奉仕する大学」としていっそうの発展を続けられるよう、「新たな協働」を始めていきたいと思っています。

また、本書執筆中、元東大総長の有馬朗人先生の訃報に接しました。私は二〇一七年に東大の広報誌『淡青』の企画で有馬先生と対談する機会を得ましたが、私の大学改革の取り組みについて有意義な議論を交わさせていただきました。その後も折に触れて、多くのご示唆を頂戴し、さまざまな面でサポートしていただきました。二〇一九年一〇月三〇日、地域同窓会連合会との会合で、校友会との大同団結のプロセスがいよいよ始まったことなどについてお話ししたのが、お目にかかる最後の機会となりました。いつも通り、お元気そうに、熱の入った話し方をされていたのが印象に残っています。有馬先生の、学術及び我が国の教育全体に対する多大なご貢献に、あらためて感謝を申し上げたいと思います。

二〇二一年三月

東京大学総長　五神　真

著者略歴

五神　真（ごのかみ・まこと）

1957年生まれ

1980年　東京大学理学部物理学科 卒業

1983年　東京大学理学部物理学教室 助手

1985年　理学博士（東京大学）

1988年　東京大学工学部物理工学科 講師

1990年　同 助教授

1998年　東京大学大学院工学系研究科物理工学専攻 教授

2010年　東京大学大学院理学系研究科物理学専攻 教授

2014年　東京大学大学院理学系研究科長・理学部長

2015年　第30代東京大学総長、現在に至る

専門分野：光量子物理学

学外の主な役職：未来投資会議議員、中央教育審議会委員、産業構造審議会委員、日本学術会議会員、知的財産戦略本部本部員などを歴任。現在、科学技術・学術審議会委員。

新しい経営体としての東京大学
未来社会協創への挑戦

2021年3月29日　初　版

［検印廃止］

著　者　五神　真

発行所　一般財団法人　東京大学出版会
代表者　吉見俊哉
153-0041 東京都目黒区駒場4-5-29
電話 03-6407-1069　Fax 03-6407-1991
振替 00160-6-59964

組　版　有限会社プログレス
印刷所　株式会社ヒライ
製本所　誠製本株式会社

ISBN 978-4-13-053095-8　Printed in Japan